Ferdinand Ries

Ludwig van Beethovens Biografie

AF131788

Ries, Ferdinand

Ludwig van Beethovens Biografie

ISBN: 978-3-86741-220-9

Auflage: 1
Erscheinungsjahr: 2010
Erscheinungsort: Bremen, Deutschland

Bei diesem Titel handelt es sich um den Nachdruck eines historischen, lange vergriffenen Buches aus dem Verlag Karl Baedeker, Koblenz (1838). Da elektronische Druckvorlagen für diese Titel nicht existieren, musste auf alte Vorlagen zurückgegriffen werden. Hieraus zwangsläufig resultierende Qualitätsverluste bitten wir zu entschuldigen.

Ferdinand Ries

Ludwig van Beethovens Biografie

LUDWIG VAN BEETHOVEN

in seinem 16ten Jahre.

Lith. von Gebr. Becker in Coblenz 1833.

Biographische Notizen

über

Ludwig van Beethoven

von

Dr. F. G. Wegeler,

Königlich Preußischem Geheimem- und Regierungs-Medicinal-Rath;
Inhaber des eisernen Kreuzes a. w. B.; Ritter des rothen Adler-
Ordens III. Klasse mit der Schleife; Mitglied der medicinischen
Gesellschaften in Wien, Paris, Berlin, Bonn u. m. a.;

und

Ferdinand Ries,

Mitglied der Königlich Schwedischen Akademie, der Kaiserlich-
Oesterreichischen u. Königl. Holländischen Musik-Vereine.

(Mit dem Schattenriß des sechszehnjährigen Beethoven
und mit lithographirten Brieffragmenten.)

Coblenz,

bei K. Bädeker.

1838.

O! es ist so schön, das Leben tausendmal leben.

Beethoven.

Herrn

Franz Ries,

ehemals kurkölnischem Musik-Director zu Bonn,

Beethoven's erstem Beschützer

verehrend

und freundlich gewidmet.

Inhalts-Verzeichniss.

Vorwort.

Während die Erinnerungen aus Beethovens Leben eben so gemeinschaftlich, wie sie von Ries und mir zusammengetragen wurden, nun auch herausgegeben werden sollten, traf mich am 12. Januar die erste Kunde von der Krankheit, dann die eben so schmerzliche als unerwartete Nachricht vom Tode meines vortrefflichen Freundes, der den Tag hernach, Mittags 1 Uhr, in den Armen seiner Gattinn und meines Sohnes erfolgt war. Der Schlag war um so empfindlicher, als ich kurz vorher eine Woche bei ihm zugebracht, und noch einen großen, in heiterer Laune geschriebenen Brief vom 28. December von ihm erhalten hatte. Waren doch auch alle Freunde und Bekannten zu der Erwartung berechtiget, er werde mich noch wohl um 30 Jahre überleben. Ach! die körperlichen Beschwerden des Alters sind nicht die schmerzhaftesten! Was die Kunst an Ries verloren, weiß Europa; er gehört zu den Wenigen, die ihrem Rufe durch gediegene Werke eine Geltung verschafft haben, welche nicht mit der Gegenwart entschwindet. Aber mir bringt der Rückblick auf dieses edle Künstlerleben noch ein eigenthümliches Gefühl wehmüthigen Kummers, da seit vielen Jahren die traulichste Gemeinschaft uns verband. Seine Anhänglichkeit an mich, als den älteren Freund, stand vielleicht nur der wohlbegründeten Liebe zu seinem Vater nach. Ich habe ihn persönlich oder in Gedanken begleitet, von seinen ersten Kindesjahren an, die ewig denkwürdigen Lehrjahre unter Beethoven durch, bei dem ersten glänzenden Aufschwunge seiner Virtuosität in Deutschland, Rußland, England, bis zu den vielen Triumphen, die später England, Deutschland und Frankreich dem vollendeten Künstler, dem Leiter großer Tonmassen um die Wette bereiteten.

Aber auch als Mensch stand Ries auf einer hohen Stufe. Er war ein edler Mann in dem vollen Sinne des Worts; ein Mann ohne Falsch, ein höchst gemüthlicher Mensch. Ries gehört demnach in doppelter Rücksicht zu den seltenen Erscheinungen, ein ächtes Muster der Treue und Liebe, als Sohn, Bruder, Gatte, Vater, Freund. Ich habe sein fleckenloses Gemüth, die ächte Liebe für alles Gute und Schöne, von der seine ganze Seele erglühte, die allein die Muse seiner Gedanken war, in der Nähe gekannt, und das Andenken an ihn gehört mir zu den liebsten, wenn gleich wehmüthigsten, Erinnerungen am Abende meines langen Lebens. In seinem großen Lehrer und Freunde Beethoven hatte Ries zuerst sich selbst erkannt, ihm blieb er bis zum letzten Hauche mit unwandelbarer Verehrung und Dankbarkeit treu. Die Aufzeichnung dieser Notizen, besonders jener aus seinem Zusammenleben mit demselben, war das angelegentlichste Geschäft der letzten Monate, ja der letzten Wochen und Tage seines Lebens. Ach! ihm ahnte nicht, wie bald er dem theuern Entschlafenen folgen sollte! — Und wie aufrichtig und liebevoll zugleich hat er Beethoven und sein Verhältniß zu demselben geschildert! — Wahrlich, ein schöneres Denkmal vermochte er seinem Lehrer nicht zu setzen, als durch diese ungeschminkten Erzählungen. Aber auch sich selbst hat er mit so liebenswürdiger Offenheit und Bescheidenheit in dieses Gemälde verwebt, daß ein künftiger Biograph über Ries vor allen Dingen dessen eigene Mittheilungen über Beethoven zu Rathe ziehen muß, wenn es ihm irgend um wahre Darstellung dieses treuesten der Schüler und Meister zu thun ist.

Doch es ist Zeit, diesem unwillkührlichen Ausbruche der Empfindungen ein Ziel zu setzen. Das Alter ist redselig, und es fällt schwer, da aufzuhören, wo des Stoffes so viel und das Herz so voll ist.

Coblenz, im Mai 1838.

Wegeler.

Erste Abtheilung.

Vorrede.

Wenn eine freundlich vertrauliche Verbindung zwischen zwei jungen Leuten während 7 bis 8 Jahren in der gemeinschaftlichen Vaterstadt sich gebildet hat und mit ihnen aufgewachsen und erstarkt ist; — wenn diese Freunde im Mannesalter fast noch zwei Jahre in einer fremden Hauptstadt zusammenleben, und von da an, obwohl getrennt, noch 30 Jahre in traulicher Einigung verbunden bleiben; so hält nach dem Tode des Einen der Ueberlebende sich für berechtigt, ja, wenn der Verstorbene zu der höchsten Auszeichnung im Gebiete des Wissens oder der Kunst, zu europäischer Berühmtheit für alle Zeiten gelangt ist, sogar für verpflichtet, der Welt solche Mittheilungen, welche zur richtigen Würdigung des Menschen und Künstlers dienen, nicht vorzuenthalten.

In vorstehenden wenigen Worten ist mein Verhältniß zu Ludwig van Beethoven ausgesprochen. Geboren in Bonn 1765 wurde ich 1782 mit dem 12jährigen Jüngling, der jedoch schon

Autor war, bekannt, und lebte ununterbrochen in der innigsten Verbindung mit ihm bis September 1787, wo ich zur Beendigung meiner ärztlichen Studien die Wiener Schulen und Anstalten besuchte. Nach meiner Rückkehr im October 1789 lebten wir in einer eben so herzlichen Verbindung fort, bis zu Beethoven's späterer Abreise nach Wien gegen Ende 1792, wohin auch ich im October 1794 auswanderte.*) So trafen wir mit den nämlichen ungeschwächten Gefühlen abermals zusammen und nun verging nur selten ein Tag, ohne daß wir uns sahen.

In der Mitte des Jahres 1796 kehrte ich nach Bonn zurück, und es begann nunmehr unser Briefwechsel, der jedoch im Laufe der sehr bedrängten

---

*) Als Rector der Bonner Universtät hatte ich den Beschluß des akademischen Senats unterschrieben, welcher den Studenten den persönlichen Besuch der gefangenen und von Quesnoi, Landrecies, Condé ꝛc. nach Oesterreich durchgeführten Franzosen, aus Furcht vor Einschleppung des Lazareth-Fiebers, untersagte, und sie anwies, die diesen zugedachten Almosen durch bezeichnete Geistliche ihnen zukommen zu lassen. Zehn oder zwölf Tage nachher enthielt der Moniteur diesen Beschluß, wobei ich schon zum Voraus als ein wüthender Feind der Republik geächtet wurde. Es war eine böse Zeit! Der Volksrepräsentant in Bonn befahl, ihn mit Du anzureden. Damals war noch la queue de Robespierre kaum weniger giftig, als sein Kopf es gewesen, und es galt, den meinigen zu retten.

Zeit eben kein fleißiger genannt werden kann. Zu einer lebhaften Correspondenz war aber auch von beiden Seiten um so weniger Veranlassung, als wir ohnedies von unserm wechselseitigen Schicksal in Kenntniß erhalten wurden; Er durch die Geschäftsbriefe Simrock's an ihn, durch meine Briefe an Freunde und Collegen in Wien, bei denen ich ihn eingeführt hatte, so wie an meinen Schwager Stephan von Breuning daselbst; — ich, auf dem nämlichen Wege und durch Briefe von Ferdinand Ries.

Nachstehende Fragmente werden den Beweis liefern, daß es auch eines unausgesetzten Briefwechsels zu unserm herzlichen Zusammenhalten eben nicht bedurfte.

In Hinsicht auf das in folgenden Blättern Mitgetheilte glaube ich noch bemerken zu müssen, daß ich nur dasjenige anführe, was ich bestimmt weiß. Daher mitunter eine zum Theil übertriebene Sorge hervorleuchten mag, fast über jede Aeußerung Beweise anzuführen. Das Nämliche gilt von den Beiträgen meines Freundes Ries. Dies gibt uns aber auch das Recht, zu erwarten, daß diese Beiträge manchen Irrthum, manches Ungegründete und Entstellte in den Schriften über Beethoven beseitigen und in dieser Hinsicht überhaupt als ächte Quellen gelten werden.

Da ich in Hinsicht auf Musik nur ein schwacher Dilettant bin, so wird man hier über Beethoven als Künstler nur Aeußerungen finden, die nie über meine Sphäre hinausgehen. Sogar bei der Beschreibung, wie Beethoven die Lamentationen begleitete, nahm ich die Hülfe des Vaters Ries in Anspruch.

Coblenz, im Mai 1838.

Wegeler.

Druckfehler.

Die Erklärung der Note 8½, Seite 25, findet sich Seite 37 bei 9, und so die Erklärung der Note 10 bei 11, 11 bei 12 u. s. w.

Ludwigs van Beethoven Familie und Geburt.

Ueber Beethoven's Herkunft, Familie und den Tag seiner Geburt sind so verschiedene und sich widersprechende Nachrichten verbreitet worden, daß man es wohl nicht für überflüssig halten wird, wenn die hier angeführten Notizen mit authentischen, vielleicht zu weitläufigen Beweisen belegt sind.

Vom Großvater Ludwig und vom Vater Johann van Beethoven giebt schon der „Kurkölnische Hofkalender auf das Jahr 1760 S. 9" folgende Nachricht:

„Churfürstliche Cabinets-Capellen- und Hofmusik."

Vocalisten.
Ludwig van Beethoven, Vocalist.

— — — — — —

Johann van Beethoven, Accessist.

In jenem auf das Jahr 1761 S. 9. heißt es:

Capellenmeister.
Vacat.
Vocalisten.
Herr Ludwig van Beethoven.

Johann van Beethoven, Accessist.

Im Hofkalender auf das Jahr 1763 S. 14 wird Ersterer als Capellenmeister, Letzterer als wirklicher Vocalist aufgeführt.

Die Mutter unseres Ludwig war Maria Magdalena Kewerich. Im Kirchenbuche der Pfarrei Ehrenbreitstein findet sich der Tag ihrer Taufe, der gewöhnlich der Tag der Geburt selbst, oder doch der Tag nachher ist, angegeben.

Anno 1746, 20ma. Decembris, renata est *Maria Magdalena Kewerich*, Domini *Henrici Kewerich*, coqui primarii Emmi et *Mariae Westorfs*, conjugum legitima filia.

Sie war demnach zu Ehrenbreitstein bei Coblenz geboren und die Tochter des Leibkochs des Kurfürsten von Trier, welcher dort seinen Sitz hatte. Sie heirathete in erster Ehe den Kurfürstlichen Kammerdiener Laym.

Anno 1763, 30ma. Januarii prævia dispensatione super omnibus denunciationibus de expressa licentia Emmi. sub vesperam in sacello apud R. R. P. P. Capucinos coram requisitis testibus — — — — —

— — — — — — — — — — — —

matrimonialiter copulati sunt praenobilis Dominus *Johannes Laym*, Emmi. Cubicularius et praenobilis virgo *Maria Magdalena Kewerich*, Vallensis. (D. h.: Aus dem Thal.)

Auszug aus dem Copulationsbuch besagter Pfarrei.

Laym starb, 30 Jahre alt, 2 Jahre und 10 Monate nachher.

• **Anno 1765, 28**ᵗᵃ **Novembris obiit** — — — — praenobilis Dominus *Johannes Laym*, Emᵐⁱ cubicularius etc. •

Auszug aus dem Kirchenbuche der Pfarrei Ehrenbreitstein.

———————

Die nächste Nachricht findet sich nun in dem Kirchenbuche der Pfarrei St. Remigius zu Bonn.

12. November 1767.

Copulavi *Johannem van Beethoven*, **filium** legitimum *Ludovici van Beethoven* et *Mariae Josephae Poll*,

et

Mariam Magdalenam Keferich viduam *Leym* ex Ehrenbreitstein, filiam *Henrici Keferich* et *Annae Mariae Westorffs*.

(Der nämliche Ort wird bald das Thal, bald Ehrenbreitstein, bald Thal-Ehrenbreitstein genannt.)

Die der Stadtkölnischen ähnliche, etwas träge Bonner Mundart mußte aus Kewerich, Keferich, aus Laym, Leym machen.

Aus dieser Ehe entsprang am 2ten April 1769 Ludwig Maria, dessen Pathen waren: der Großvater Ludwig van Beethoven und Anna Maria Lohe, genannt Courtin. Dieses Kind starb den 8ten des nämlichen Monats und Jahrs.

Unser Ludwig ward geboren den 17. December 1770. Darüber gibt volle Gewißheit das folgende Actenstück:

4

(Stempel.)

„Regierungsbezirk **Cöln.**

Kreis **Bonn.** Oberbürgermeisterei **Bonn.**

Auszug aus den auf der Oberbürgermeisterei Bonn deponirten Taufbüchern der Pfarre St. Remigii in Bonn.

Anno millesimo septingentesimo septuagesimo, die decima septima Decembris baptizatus est **Ludovicus**, Domini *Johannis van Beethoven* et *Helenae Keverichs*, conjugum filius legitimus: Patrini: Dominus *Ludovicus van Beethoven*, et *Gertrudis Müllers*, dicta *Baums*.“

Für gleichförmigen Auszug:

Bonn, den 28. Juni 1827.

Der Oberbürgermeister.

(Siegel.) (gez.) Windeck.

Da Personen, welche die Namen Magdalene und Helene führen, beide gemeinhin Lenchen, Lene benannt werden, so geht aus Obigem deutlich hervor, daß die Mutter hier irrthümlich als Helene, statt Magdalene, aufgeführt ist.

Diese officiellen Auszüge verdanke ich theils dem Herrn Pfarrer Geschwind in Ehrenbreitstein, theils meinem Jugendfreunde, dem Herrn Oberbürgermeister Windeck in Bonn, welcher unermüdet Alles aufsuchte, was nur irgend geeignet war, Licht über Beethovens Familie und Geburt zu verbreiten.

Was Fayolle und Choron über die Abstammung Beethoven's von Friedrich Wilhelm **II.** König von Preußen faseln[1]), bedarf keiner Widerlegung, da weder dieser Monarch vor Beethoven's Geburt in Bonn war, noch die Mutter während ihrer Ehe diese Stadt je verlassen hatte[2]). Dieses abgeschmackte Mährchen wird nur noch durch die ergötzliche Unwissenheit eines englischen Autors übertroffen, der sich sehr darüber lustig macht, daß Friedrich **II.** der Vater Beethoven's sein solle, da dieser König ja schon im Jahre 1740 gestorben sei[3]).

Aber auch dieser Unsinn wurde, es fällt schwer zu glauben, durch einen Holländer W. van Marsbyk 1837 noch ansehnlich überboten. Dieser macht in einem gedruckten Briefe à Monsieur le *Bourgmestre* de la ville de Bonn unsern Beethoven zu einem Holländer. Gründe? „Als Deutscher würde er Ludwig von Rübengärten heißen. Beethoven habe nicht nur das mit Napoleon gemein, daß man

---

[1]) Conversations-Lexicon, 5te Ausgabe, S. 621.

[2]) Wie Beethoven sich hierüber äußerte, erhellt aus seinem unten folgenden Briefe vom 7ten Dezember 1826.

[3]) That Beethoven is a wonderful man, there can be no doubt; but if this prince were really his father, he is the greatest prodigy the world ever saw, or most likely will ever see again: for as Frederick **II.** died in 1740, the period of Mad. *Beethoven's* gestation must in such a case have been exactly thirty years. (The Harmonicon, November 1823.)

über seinen Geburtstag ungewiß sei, sondern *Lode-*
wyk van Beethoven et Napoleone Buonaparte ont
nombre égal de lettres!" Ferner:

Alte Leute in Zütphen erinnerten sich, daß
Beethoven in einer für reisende Musikanten bestimmten, nun verschwundenen Herberge, (deren Stelle doch
jetzt wohl durch einen Obelisk bezeichnet werden wird!),
daselbst geboren worden. — So ist Beethoven, da
er schon am Tage seiner Geburt als Heros erkannt
wurde, abermals the greatest prodigy the world
ever saw, or most likely will ever see again! —

Will der Leser noch mehr?

Quand l'absurde est outré, l'on lui fait trop d'honneur
De vouloir par raison combattre son erreur.

Was das Haus betrifft, worin Beethoven geboren wurde, so ist es der höchsten Wahrscheinlichkeit
nach das Graus'sche in der Bonngasse, das vierte
rechter Hand vom Judengäßchen her, bezeichnet
mit Nr. 515, dem jetzigen Posthause gegenüber.
Eltern, die keine Verwandten in der Nähe haben,
bitten, wenn ihnen ein Kind geboren wird, die Nach-
barn zu Gevattern. Die Taufzeuginn des Ludwig
Maria, Frau Courtin, war eine Nachbarinn rechts,
und jene unseres Ludwig, Frau Baums, die
nächste Nachbarinn links (Nr. 516).

Dann erklärte Frau Mertens, geborne Lengers-
dorf, deren elterliches Haus dem Geburtshause von
Beethoven schräge gegenüber liegt, sie erinnere sich
wohl, daß Beethoven in besagtem Hause geboren sei.

Nach unserem Beethoven wurden noch zwei Söhne geboren, der ältere Caspar Anton Carl den 8ten April 1774; der jüngere Nicolaus Johannes den 2ten October 1776. — Caspar's Pathen waren der Alles regierende Staats-Minister von Belderbusch und die Aebtissinn des Stiftes zu Vylich, Gräfinn von Satzenhofen. Caspar gewann später seinen Unterhalt als Klavierlehrer, Nicolaus erlernte die Apothekerkunst in der Hofapotheke zu Bonn. Beide folgten unserem Ludwig nach Wien, wo sie nun ihre Namen Carl und Johann führten.

Der Großvater Ludwig's starb den 24sten December 1773, die Mutter den 17ten Juli 1787, der Vater den 18ten December 1792, der Bruder Caspar oder Carl im letzten Vierteljahr 1815. Johann ist wahrscheinlich noch im Leben und in Wien.

Beethoven's Erziehung und erste Bildung.

Ludwig van Beethoven erhielt als zarter Knabe den ersten Unterricht in der Musik von seinem Vater, welcher, wie schon angeführt, Tenor-Sänger des in Bonn residirenden Kurfürsten Max Friedrich, aber kein Klavierspieler war. Sein Großvater, der Kapellmeister und Baßsänger, hatte schon früher auf dem damals vom Kurfürsten errichteten National-Theater Opern aufgeführt. Unter den übrigen Sängern und Sängerinnen auf diesem Theater befanden sich auch zwei Schwestern des berühmten Salomon, der 1745 in Bonn geboren, in London 1815 starb; dann des Kapellmeisters Sohn, nämlich der Vater unseres Beethoven und die Schwester des alten, aber noch rüstigen Vaters Franz Ries, verehelichten Drever. Der Großvater soll vorzüglich in dem Sing-spiel: l'Amore artigiano (die Liebe unter den Hand-werkern [?]) und im Deserteur von Monsigny den größten Beifall erhalten haben.

An diesem Großvater, der, wie gemeldet, zugleich Beethoven's Pathe war, hing der kleine Louis mit der größten Innigkeit, und so zeitig er denselben auch verlor, blieb bei ihm der frühe Eindruck doch sehr lebendig. Mit seinen Jugendfreunden sprach er gern vom Großvater und seine fromme und sanfte Mutter, die er weit mehr, als den nur strengen Vater liebte, mußte ihm viel vom Großvater erzählen. Das Bild desselben, vom Hofmaler Radoux verfertigt, ist das Einzige, was er sich von Bonn nach Wien kommen ließ und was ihm bis zu seinem Tode Freude machte. Dieser Großvater war ein kleiner, kräftiger Mann mit äußerst lebhaften Augen und als Künstler vorzüg-lich geachtet.

Auch unser Beethoven war, wie Ritter von Seyfried ihn richtig schildert, „gedrungenen Körper-baues, mittlerer Statur, stark knochig, voll Rüstig-keit, ein Bild der Kraft."

Beethoven's Erziehung war weder auffallend ver-
nachläſſigt, noch beſonders gut. . Leſen, Schreiben,
Rechnen und etwas Latein lernte er in einer öffentlichen
Schule, in welcher der jetzige Präſident des Landgerichts
zu Coblenz, Herr Wurzer, ſein Mitſchüler war;
Muſik, zu der ihn ſein Vater ununterbrochen und ſtreng
anhielt, zu Hauſe. Hier hatte man ſich, außer dem
Gehalt des Vaters, keines Erwerbzweigs zu erfreuen,
mithin fand überall Beſchränkung ſtatt. Daher die
Strenge des geiſtig und ſittlich wenig ausgezeichneten
Vaters, um ſich in dem älteſten Sohne bald eine
Hülfe zur Erziehung der übrigen zu bilden.

Die erſte Bekanntſchaft mit deutſcher Literatur,
vorzüglich mit Dichtern, ſo wie ſeine erſte Bildung für
das geſellſchaftliche Leben erhielt Ludwig in der Mitte
der Familie von Breuning in Bonn. Da dieſer
Familie in der Zukunft noch mehrmals erwähnt wer=
den wird, ſo dürfte es hier am Orte ſein, Folgendes
über dieſelbe und über das Verhältniß Beethoven's
zu ihr anzuführen.

Es beſtand dieſe Familie aus der Mutter, Wittwe
des Kurkölniſchen Hofraths von Breuning, aus
drei Söhnen von Beethoven's Alter und einer
Tochter. Der jüngſte Sohn erhielt, ſo wie die Tochter,
von Beethoven Unterricht, und war ſchon ein-aus-
gezeichneter Klavierſpieler, als er nach beendigten
ärztlichen Studien 1798 ſtarb. Der zweite, Stephan
von Breuning, war der bis zu Beethoven's
Tode treu an dieſem hängende, und nur zu bald nach

ihm verstorbene Kaiserl. Königl. Hofrath in Wien.
Der dritte, Christoph von Breuning, ist Gehei-
mer=Revisions= und Cassations=Rath in Berlin. Die
Tochter Eleonora von Breuning, welcher Beethoven die Variationen Nro. 1. dedicirte, ist die Ehefrau des Verfassers gegenwärtiger Beiträge.

In diesem Hause herrschte, bei allem jugendlichen
Muthwillen, ein ungezwungener, gebildeter Ton. Christoph von Breuning versuchte sich früh in kleinen Ge-
dichten, was bei Stephan von Breuning viel später,
aber nicht ohne Glück geschah. Hausfreunde zeichneten
sich durch gesellige Unterhaltung aus, welche das Nütz-
liche mit dem Angenehmen verband.

Setzen wir noch hinzu, daß in diesem Hause,
besonders vor dem Kriege, ein ziemlicher Wohlstand
herrschte, so begreift sich leicht, daß bei Beethoven
sich hier die ersten fröhlichen Ausbrüche der Jugend
entwickelten.

Beethoven wurde bald als Kind des Hauses
behandelt; er brachte nicht nur den größten Theil des
Tages, sondern selbst manche Nacht dort zu. Hier
fühlte er sich frei, hier bewegte er sich mit Leichtigkeit,
Alles wirkte zusammen, um ihn heiter zu stimmen und
seinen Geist zu 'entwickeln. Fünf Jahre älter als
Beethoven, war ich fähig, dieses zu beobachten und
zu beurtheilen. Die noch bei mir lebende, am 8. Januar 1750 geborne, Mutter von Breuning besaß
die größte Gewalt über den oft störrischen, unfreund-
lichen Jüngling. Das hier Angeführte wird durch

manche Stellen in Beethoven's Briefen seine Bestätigung finden.

————

Doch zurück zu Beethoven's Ausbildung in der Musik.

Den ersten Unterricht erhielt er, wie gesagt, von seinem Vater; den nachherigen, weit besseren, von einem gewissen Pfeiffer, der Musikdirector und Hautboist war, später in Düsseldorf bei der Musik eines Baierischen Regiments als Kapellmeister angestellt wurde, und als ein trefflicher Künstler und höchst genialer Mann bekannt war. Beethoven verdankte diesem Lehrer das Meiste und war auch so erkenntlich dafür, daß er ihm noch von Wien aus durch Herrn Simrock eine Geldunterstützung zukommen ließ.

Ob er nach Pfeiffer's Abreise von Bonn bei dem Hoforganisten van der Eden Unterricht genossen, weiß ich nicht, doch ist es mir glaublich, weil mir sonst Keiner bekannt geworden, von dem er die technische Behandlung der Orgel hätte erlernen können. Als der berühmte Orgelspieler Abbe Vogler in Bonn spielte, saß ich bei Beethoven am Krankenbette.

Der früher als Musikdirector bei der Großmann'schen Schauspiel-Gesellschaft, später als Hoforganist angestellte, auch als Tonsetzer bekannte Musiker Neefe hatte wenig Einfluß auf den Unterricht unseres Ludwig; letzterer klagte sogar über Neefe's zu harte Kritik seiner ersten Versuche in der Composition.

Im Jahre 1785 ward Beethoven vom Kur-

fürsten Max Franz, Bruder des Kaiser's Joseph II.
als Organist bei der Kurfürstlichen Kapelle angestellt,
wo er nun, mit Neefe abwechselnd, den eben nicht
schweren Dienst versah. Der Fürst scheint bei dieser
Ernennung nur den Zweck einer Unterstützung vor
Augen gehabt zu haben.

Wenn Ritter von Seyfried in Ludwig van
Beethoven's Studien, Seite 4, sagt: „Da nun
„der Jüngling Beethoven nicht minder die Orgel
„mit Umsicht zu beherrschen mächtig war, so ernannte
„ihn der kunstliebende Kurfürst zu Neefe's Nach-
„folger;" so ist dieses ein Irrthum. Neefe und
Beethoven waren gleichzeitig Hoforganisten.

Kurkölnischer Hofkalender auf das Jahr 1790,
S. 16. Kurfürstliche Kabinets-Kapellen-
und Hofmusik. — — —

Organisten.

Christian Neefe.

Ludwig van Beethoven.

Der Dienst eines Organisten am Hofe war sehr
leicht, überdies die Orgel klein, mit der Größe der
Hofkapelle (der gegenwärtigen evangelischen Kirche)
im Verhältniß, und für das Publikum nicht einmal
sichtbar. Große Fertigkeit zu ihrer Behandlung war
folglich nicht erforderlich, ja konnte bei dem beschränkten Baue des Instrumentes nicht einmal in Anwendung
kommen. Neefe war überdies gesund und durch

anderweitige Geschäfte nicht abgehalten, seinen Dienst
zu versehen [1]). Offenbar hatte, wie gesagt, Beethovens Anstellung nur den Zweck einer mit Zartsinn
gereichten Unterstützung.

Aber wer verhalf ihm zu dieser Stelle? Ein Mann,
dessen in den Schriften über Beethoven, so viel mir
solche bekannt sind, nie nach Verdienst Erwäh-
nung geschieht.

Der erste und in jeder Hinsicht der wichtigste
Mäcen Beethoven's war Graf Waldstein, Deutsch-
Ordens-Ritter und, was hier Hauptsache, Liebling
und beständiger Gefährte des jungen Kurfürsten, nachheriger Deutsch-Ordens-Commandeur zu Virnsberg
und Kämmerer des Kaisers von Oesterreich. Er war
nicht nur Kenner, sondern selbst Praktiker der Musik.
Dieser war es, welcher unsern Beethoven, dessen
Anlagen er zuerst richtig würdigte, auf jede Art unter-
stützte. Durch ihn entwickelte sich in dem jungen
Künstler das Talent, ein Thema aus dem Stegreife zu
variiren und auszuführen. Von ihm erhielt er, mit
der größten Schonung seiner Reizbarkeit, manche Geldunterstützung, die meistens als eine kleine Gratification
vom Kurfürsten betrachtet wurde. Die Ernennung
Beethoven's zum Organisten, seine Sendung nach
Wien durch den Kurfürsten zc. war des Grafen Werk.

---

[1]) Neefe, Protestant, Organist eines geistlichen Kurfürsten,
bleibt ein schöner Beweis von den vorherrschenden Ideen der
damaligen Zeit.

Wenn Beethoven ihm später die große, gewichtige Sonate in C dur, opus 53. dedicirte, so war dieses ein Beweis der Dankbarkeit, die ungeschwächt bei dem reifern Manne fortdauerte.

Diesem Grafen von Waldstein verdankte Beethoven, daß er in der ersten Entwickelung seines Genie's nicht niedergedrückt wurde; deshalb sind auch wir diesem Mäcen für Beethoven's nachherigen Ruhm verpflichtet.

Doch kommen wir zurück zu unserm Organisten.

In dieser neuen Stellung gab Beethoven zuerst und zufällig durch folgenden Zug dem Orchester einen Beweis seines Talents. In der katholischen Kirche werden während dreier Tage in der Charwoche die Lamentationen des Propheten Jeremias gesungen. Diese bestehen bekanntlich aus kleinen Sätzen von 4 bis 6 Zeilen, und wurden, jedoch nach einem gewissen Rhythmus, als Chorale vorgetragen. Der Gesang bestand nämlich aus 4 auf einander folgenden Tönen, z. B. c, d, e, f, wobei immer auf der Terz mehrere Worte, ja ganze Sätze abgesungen wurden bis dann einige Noten am Schluß in den Grundton zurückführten. Der Sänger wird, da die Orgel in diesen drei Tagen schweigen muß, nur von einem Klavierspieler frei begleitet.

Als einst dieses Amt unserem Beethoven oblag, fragte er den sehr tonfesten Sänger Heller, ob er ihm erlauben wolle, ihn herauszuwerfen und benutzte die wohl etwas zu schnell gegebene Berechtigung so, daß derselbe durch Ausweichungen im Accompagnement, ungeachtet Beethoven den vom Sänger anzuhaltenden Ton mit dem kleinen Finger fortdauernd oben anschlug, so aus dem Tone kam, daß er den Schlußfall nicht mehr finden konnte.

Der noch lebende damalige Musikdirektor der Kurfürstlichen Kapelle und erste Violinspieler Vater Ries erzählt jetzt noch ausführlich, wie sehr der dabei gegenwärtige Kapellmeister Luchesi durch Beethovens Spiel überrascht gewesen sei. Heller verklagte in der ersten Aufwallung des Zorns Beethoven bei dem Kurfürsten, welcher, obgleich diesem jungen, geistreichen, mitunter selbst muthwilligen Fürsten die Sache gefiel, dennoch eine einfachere Begleitung befahl.

Um diese Zeit ward Beethoven auch Kammermusikus. Einst spielte er in dieser Eigenschaft vor dem Fürsten in einer kleinen Gesellschaft mit Vater Ries und dem noch lebenden berühmten Bernhard Romberg ein neues Trio von Pleyel a vista; im zweiten Theil des Adagio's blieben die Künstler, wenn auch nicht zusammen, doch nicht stecken; sie spielten immer muthig fort und kamen gleichzeitig und glücklich zu Ende. In der Klavierstimme waren, wie man nachher fand, zwei Takte ausgelassen. Der Kurfürst wunderte sich sehr über diese Arbeit Pleyel's und ließ sie acht Tage nachher wiederholen, wobei nun das Geheimniß, zu des Fürsten Vergnügen, entdeckt ward.

Als Haydn zuerst aus England zurückkam, ward ihm vom Kurfürstlichen Orchester ein Frühstück in Godesberg, einem Lustorte nahe bei Bonn, gegeben.

Bei dieser Veranlassung legte ihm Beethoven eine Cantate vor, welche von Haydn besonders beachtet und ihr Verfasser zu fortdauerndem Studium aufgemuntert wurde. Später sollte diese Cantate in Mergentheim aufgeführt werden, aber mehrere Stellen waren für die Blas-Instrumente so schwierig, daß einige Musiker erklärten, solche nicht spielen zu können, und so ward auf die Aufführung verzichtet. Diese Cantate ist, so viel uns Allen hier bekannt geworden, nie im Druck erschienen.

Beethoven's erste Compositionen waren die in der Speyer'schen Blumenlese abgedruckten Sonaten, dann das Lied: Wenn jemand eine Reise thut; dann die Musik zu einem im Carneval von dem hohen Adel aufgeführten Ritterballet, welche jedoch bis jetzt nie gestochen wurde. Der Klavierauszug befindet sich gegenwärtig in den Händen des Musik-Verlegers Herrn Dunst in Frankfurt, der diesen zur Vervollständigung der von ihm herausgegebenen van Beethoven'schen Werke wohl bald benutzen wird. Es müssen sich darin finden ein Minnelied, ein deutsches Lied, ein Trinklied u. s. w. Diese Composition wurde lange, da Beethoven sich nicht als Verfasser genannt hatte, für das Werk des Grafen Waldstein gehalten, um so mehr, als dieser auch, in Verbindung mit dem Tanzmeister Habich aus Aachen, das Ballet organisirt hatte.

Dann kamen die Variationen über Vieni amore, Thema von Righini, der Gräfin von Hatzfeld

gewidmet. Diese Variationen gaben zu folgendem be-
sonderen Vorfall Veranlassung. Beethoven, der bis
dahin noch keinen großen, ausgezeichneten Klavierspieler gehört hatte, kannte nicht die feinern Nuanci-
rungen in Behandlung des Instrumentes; sein Spiel
war rauh und hart. Da kam er auf einer Reise von
Bonn nach Mergentheim, der Residenz des Kurfürsten
in seiner Eigenschaft als Deutschmeister, mit dem
Orchester nach Aschaffenburg, wo er durch Ries,
Simrock und die beiden Romberg zu S t e r k e l gebracht wurde, welcher, dem Gesuch Aller willfahrend,
sich zum Spielen hinsetzte. Sterkel spielte sehr leicht,
höchst gefällig, und, wie Vater Ries sich ausdrückt,
etwas damenartig. Beethoven stand in der gespann-
testen Aufmerksamkeit neben ihm. Nun sollte auch er
spielen, that dieses jedoch erst dann, als Sterkel
ihm zu verstehen gab, er zweifle, daß selbst der Compositeur obiger Variationen sie fertig spielen könne.
Jetzt spielte Beethoven nicht nur diese Variationen,
so viel er sich deren erinnerte, (Sterkel konnte sie
nicht auffinden,) sondern gleich noch eine Anzahl
anderer, nicht weniger schwierigen und dies, zur größten
Ueberraschung der Zuhörer, vollkommen und durchaus
in der nämlichen gefälligen Manier, die ihm an
Sterkel aufgefallen war. So leicht ward es ihm,
seine Spielart nach der eines andern einzurichten.

Diese Reise übrigens, welche das ganze Orchester
in zwei Jachten den Rhein und Main hinauf in der

schönsten Jahreszeit machte, war für Beethoven eine fruchtbare Quelle der schönsten Bilder in der Erinnerung geworden. Bei den Rollen, welche der zum großen König erwählte Sänger und bekannte Komiker Lux austheilte, wurden Beethoven und Bernhard Romberg zu Küchenjungen ernannt und als solche in Dienst gesetzt. Das Diplom seiner weitern Beförderung, welches Beethoven erhielt, datirt: auf der Höhe von Rüdesheim, wird man wohl noch in seiner Verlassenschaft gefunden haben; wenigstens habe ich es noch im Jahr 1796 bei ihm im besten Verwahrsam gesehen. Ein großes, im Deckel einer Schachtel in Pech abgedrucktes Siegel, durch einige aufgetrennte Fäden eines Schiffseils befestigt, gab diesem Diplom ein gar ehrenfestes Ansehen.

Von seiner ersten Jugend an hatte Beethoven eine außerordentliche Abneigung gegen jede Ertheilung von Unterricht. Frau von Breuning wollte ihn zuweilen zwingen, in das ihrem Hause gegenüberstehende des Oesterreichischen Gesandten, Grafen von Westphal, [1]) zu gehen, um seine Lectionen fortzusetzen. Dann ging er, ut iniquae mentis asellus, [2]) da er sich beobachtet wußte, fort, kehrte aber oft am Hause selbst noch um, lief zurück und versprach dann: er wolle am folgenden Tage zwei Stunden Unterricht geben, heut

---

[1]) Jetzt dem Fürstenbergischen.

[2]) Wie ein übellauniges Eslein. (Horaz nach Voß).

aber sei es ihm unmöglich. Seine eigene bedrängte Lage trieb ihn nicht an, wohl aber der Gedanke an seine Familie, vorzüglich der an seine liebe Mutter.

———

Später, als Beethoven in Wien schon auf einer hohen Stufe stand, hatte sich auch ein ähnlicher, wo nicht noch stärkerer Widerwillen gegen die Auffoderungen zum Spielen in Gesellschaften entwickelt, so daß er jedesmal dadurch allen Frohsinn verlor. Er kam dann mehrmals düster und verstimmt zu mir, klagte, daß man ihn zum Spielen zwinge, wenn auch das Blut unter den Nägeln ihm brenne. Allmählig entspann sich dann zwischen uns ein Gespräch, worin ich ihn freundlich zu unterhalten und völlig zu beruhigen suchte. War dieser Zweck erreicht, so ließ ich die Unterredung fallen, setzte mich an den Schreibtisch und Beethoven mußte, wollte er weiter mit mir sprechen, sich dann auf den Stuhl vor dem Klaviere setzen. Bald griff er nun, oft noch abgewendet, mit unbestimmter Hand ein Paar Akkorde, aus denen sich dann nach und nach die schönsten Melodieen entwickelten. O warum verstand ich nicht mehr davon! Notenpapier, das ich einigemale, um etwas Manuscript von ihm zu besitzen, anscheinend ohne Absicht auf das Pult gelegt hatte, ward von ihm beschrieben, aber dann auch am Ende zusammengefalten und eingesteckt! Mir blieb nur die Erlaubniß, mich selbst auszulachen. — Ueber sein Spiel durfte ich nichts oder nur Weniges, gleichsam im Vorbeigehen, sagen. Er ging nun gänzlich umgestimmt weg und kam dann immer gern zurück. Der Widerwille blieb indessen und ward oft die Quelle der größten Zerwürfnisse Beethovens mit dem Ersten seiner Freunde und Gönnern.

———

Als Beethoven einst im von Breuning'schen Hause phantasirte, (wobei ihm häufig aufgegeben ward, den Charakter irgend einer bekannten Person zu schildern,) drang man dem Vater Ries eine Violine auf, um ihn zu begleiten. Nach einigem Zögern gab dieser nach und so mag wohl damals zum erstenmal von zwei Künstlern zugleich phantasirt worden sein; ein schönes, höchst anziehendes Spiel, wodurch später Ries mit seinem Sohne Ferdinand einigemal in öffentlichen Concerten den Zuhörern ein überraschendes Vergnügen machte.

———

Anstatt nun, wie bisher, eine mehr oder weniger chronologische Ordnung zu beobachten, will ich meine fernern Notizen über Beethoven als Noten zu nachstehenden Briefen folgen lassen, da sich diese Methode mir sehr bequem darstellt, um mich selbst an manches Interessante zu erinnern, und ich annehmen darf, daß auch dem Leser diese Abwechselung angenehm sein werde. Daher folgt nunmehr der Abdruck einiger von Beethoven an mich geschriebenen Briefe. Der erste derselben wurde, durch die „Allgemeine Theater-Zeitung" in Wien früher bekannt gemacht (No. 37. — 25sten März 1828.). Er ist, wie ich bei dessen Ueber-

ſendung bemerkte, wohl der größte, den der Verewigte
je geſchrieben haben mag. „Er dient, ſchrieb ich zu-
„erſt dazu, einen großen Theil desjenigen näher zu
„beweiſen, was ich über Beethoven's Erziehung im
„von Breuning'ſchen Hauſe ſagte. Dann aber iſt
„in dieſem Briefe gewiß die erſte Herzensergießung
„über ſeine Harthörigkeit anzutreffen, ſo wie Manches
„über ſeine Plane u. ſ. w. Im Ganzen iſt er ein
„reiner Abdruck ſeines Herzens, und der Leſer kennt
„unſern Freund ſchon viel genauer, wenn er dieſen
„Brief eingeſehen hat.“ Von nun an ſteht Beethoven ihm nicht mehr als ein Fremder da; ſchon
iſt ein Verhältniß begründet, welches, hervorgegangen
aus genauerer Kenntniß des Menſchen und Künſtlers,
eine herzliche und dauernde Achtung begründet.

. Aus der oben angeführten Theater-Zeitung wurde
dieſer Brief in das Bonner Wochenblatt (No. 25. —
1829) aufgenommen und zuletzt, ſo viel mir bekannt
geworden, in das der Ober-Poſt-Amts-Zeitung bei-
liegende Converſations-Blatt, nachdem er einige Tage
vorher im Muſeum in Frankfurt (im Anfange des
Jahres 1836) vorgeleſen worden war. Eine franzö-
ſiſche Ueberſetzung deſſelben findet ſich im **Journal des
debats** vom 20. März 1838.

Von den übrigen Briefen iſt noch keiner
je gedruckt oder lithographirt worden.

———

Wien, den 29. Juni 1800 (1.)

Mein guter, lieber Wegeler!

Wie sehr danke ich Dir für Dein Andenken an mich; ich habe es so wenig verdient und um Dich zu verdienen gesucht, und doch bist Du so sehr gut, und läßt Dich durch nichts, selbst durch meine unverzeihliche Nachlässigkeit nicht abhalten, bleibst immer der treue, gute, biedere Freund. — Daß ich Dich und überhaupt euch, die ihr mir einst alle so lieb und theuer waret, vergessen könnte, nein, das glaubt nicht; es gibt Augenblicke, wo ich mich selbst nach euch sehne, ja bei euch einige Zeit zu verweilen wünsche. — Mein Vaterland, die schöne Gegend, in der ich das Licht der Welt erblickte, ist mir noch immer so schön und deutlich vor meinen Augen, als da ich euch verließ; kurz ich werde diese Zeit als eine der glücklichsten Begebenheiten meines Lebens betrachten, wo ich euch wieder sehen, und unsern Vater Rhein begrüßen kann. Wann dies seyn wird, kann ich Dir noch nicht bestimmen. — So viel will ich euch sagen, daß ihr mich nur recht groß wieder sehen werdet; nicht als Künstler sollt ihr mich größer, sondern auch als Mensch sollt ihr mich besser, vollkommener finden, und ist dann der Wohlstand etwas besser in unserm Vaterlande, dann soll meine Kunst sich nur zum Besten der Armen zeigen. (2) O glückseliger Augenblick, wie glücklich halte ich mich, daß ich dich herbeischaffen, dich selbst schaffen kann! — Von meiner Lage willst Du was wissen; nun, sie wäre eben so schlecht nicht. Seit vorigem Jahr hat mir Lichnowsky, (8) der, so unglaublich es Dir auch ist, wenn ich Dir es sage, immer mein wärmster Freund war, und geblieben ist, (kleine Mißhelligkeiten gab es ja auch unter uns, und haben eben diese unsere Freundschaft nicht befestigt?) (4) eine sichere Summe von 600 Fl. ausgeworfen, die ich, so lange ich keine für mich passende Anstellung finde, ziehen kann; meine Compositionen tragen mir viel ein, und ich kann sagen, daß ich mehr Bestellungen habe, als fast möglich ist, daß ich befriedigen kann. Auch habe ich auf jede Sache 6, 7 Verleger, und noch mehr, wenn ich mir's angelegen sein lassen will: man accordirt nicht mehr mit mir, ich fordere und man zahlt. Du siehst, daß es eine hübsche Sache ist, z. B. ich sehe einen Freund in Noth, und mein Beutel erlaubet eben nicht, ihm gleich zu helfen, so darf ich mich nur hinsetzen und in kurzer Zeit ist ihm geholfen. — Auch bin ich ökonomischer, als sonst; sollte ich immer hier bleiben, so bringe ich's auch sicher dahin, daß ich jährlich immer einen Tag zur Akademie erhalte, deren ich einige gegeben. (5) Nur hat der neidische Dämon, meine schlimme Gesundheit, mir einen schlechten Stein in's Bret geworfen, nämlich: mein Gehör ist seit drei Jahren immer schwächer geworden und zu diesem Gebrechen soll mein Unterleib, der schon damals, wie Du weißt, elend war, (6) hier aber sich verschlimmert hat, indem ich beständig mit einem Durchfall behaftet war, und mit einer dadurch außerordentlichen Schwäche, die erste Veranlassung gegeben haben. Frank wollte

meinem Leibe den Ton wieder geben (7) durch stärkende
Medizinen, und meinem Gehör durch Mandelöhl,
aber prosit! daraus ward nichts, mein Gehör ward
immer schlechter und mein Unterleib blieb immer in
seiner vorigen Verfassung; das dauerte bis voriges Jahr
im Herbst, wo ich manchmal in Verzweiflung war. Da
rieth mir ein medizinischer Asinus das kalte Bad für
meinen Zustand, ein Gescheiterer das gewöhnliche lauwarme Donaubad; das that Wunder; mein Bauch
ward besser, mein Gehör blieb, oder ward noch schlechter.
Diesen Winter ging's mir wirklich elend; da hatte ich
wirklich schreckliche Koliken und ich sank wieder ganz in
meinen vorigen Zustand zurück, und so blieb's bis vor
ungefähr vier Wochen, wo ich zu Bering (8) ging,
indem ich dachte, daß dieser Zustand zugleich auch einen
Wundarzt erfordere, und ohnedem hatte ich immer
Vertrauen zu ihm. Ihm gelang es nun fast gänzlich
diesen heftigen Durchfall zu hemmen; er verordnete
mir das laue Donaubad, wo ich jedes Mahl noch ein
Fläschchen stärkender Sachen hineingießen mußte, gab
mir gar keine Medizin, bis vor ungefähr vier Tagen
Pillen für den Magen und einen Thee für's Ohr,
und darauf kann ich sagen, befinde ich mich stärker
und besser; nur meine Ohren, die sausen und brausen
Tag und Nacht fort. Ich kann sagen, ich bringe
mein Leben elend zu, seit zwei Jahren fast meide ich
alle Gesellschaften, weils mir nicht möglich ist den Leuten zu sagen: ich bin taub. Hätte ich irgend ein
anderes Fach, so gings noch eher, aber in meinem Fache

ist das ein schrecklicher Zustand; dabei meine Feinde, deren Zahl nicht geringe ist, was würden diese hiezu sagen! — Um Dir einen Begriff von dieser wunderbaren Taubheit zu geben, so sage ich Dir, daß ich mich im Theater ganz dicht am Orchester anlehnen muß, um den Schauspieler zu verstehen. Die hohen Töne von Instrumenten, Singstimmen, wenn ich etwas weit weg bin, höre ich nicht; im Sprechen ist es zu verwundern, daß es Leute giebt, die es niemals merkten; (8 ½) da ich meistens Zerstreuungen hatte, so hält man es dafür. Manchmal auch hör' ich den Redenden, der leise spricht, kaum, ja die Töne wohl, aber die Worte nicht; und doch sobald Jemand schreit, ist es mir unausstehlich. Was es nun werden wird, das weiß der liebe Himmel. Bering sagt, daß es gewiß besser werden wird, wenn auch nicht ganz. Ich habe schon oft — — mein Dasein verflucht; Plutarch hat mich zu der Resignation geführt. Ich will, wenn's anders möglich ist, meinem Schicksale trotzen, obschon es Augenblicke meines Lebens geben wird, wo ich das unglücklichste Geschöpf Gottes sein werde. Ich bitte Dich, von diesem meinem Zustande niemanden, auch nicht einmal der Lorchen (9) etwas zu sagen, nur als Geheimniß vertrau' ich Dir's an; lieb wäre mir's, wenn Du einmal mit Bering darüber briefwechseltest. Sollte mein Zustand fortdauern, so komme ich künftiges Frühjahr zu Dir; Du miethest mir irgend in einer schönen Gegend ein

Haus auf dem Lande, und dann will ich ein halbes Jahr ein Bauer werden. Vielleicht wird's dadurch geändert. Resignation! welches elende Zufluchtsmittel, und mir bleibt es doch das einzig übrige. Du verzeist mir doch, daß ich Dir in Deiner ohnedies trüben Lage noch auch diese freundschaftliche Sorge aufbinde. Steffen Breuning ist nun hier und wir sind fast täglich zusammen; es thut mir so wohl, die alten Gefühle wieder hervorzurufen. Er ist wirklich ein guter, herrlicher Junge geworden, der was weiß, und das Herz, wie wir alle mehr oder weniger, auf dem rechten Fleck hat. Ich habe eine sehr schöne Wohnung jetzt, welche auf die Bastey geht (10) und für meine Gesundheit einen doppelten Werth hat. Ich glaube wohl, daß ich es werde möglich machen können, daß Breuning zu mir komme. Deinen Antiochum (11) sollst du haben, und auch noch recht viele Musikalien von mir, wenn Du anders nicht glaubst, daß es Dich zu viel kostet. Aufrichtig, Deine Kunstliebe freut mich doch noch sehr. Schreibe mir nur, wie es zu machen ist, so will ich Dir alle meine Werke schicken, das nun freilich eine hübsche Zahl ist und die sich täglich vermehrt. — Statt des Portraites meines Großvaters, welches ich Dich bitte, mir sobald als möglich mit dem Postwagen zu schicken, schicke ich Dir das seines Enkels, Deines Dir immer guten und herzlichen Beethoven, welches hier bei Artaria, die mich darum oft ersuchten, so wie viele andere, auch Kunsthand-

lungen, herauskommt. — Stoffeln (12) will ich
nächstens schreiben und ihm ein wenig den Text lesen
über seine störrige Laune. — Ich will ihm die alte
Freundschaft recht in's Ohr schreien, er soll mir heilig
versprechen, euch in euren ohnedies trüben Umständen
nicht noch mehr zu kränken. Auch der guten Lorchen
will ich schreiben. Nie habe ich einen unter euch
lieben Guten vergessen, wenn ich auch gar nichts von
mir hören ließ: aber Schreiben, das weißt Du, war
nie meine Sache; auch die besten Freunde haben
jahrelang keine Briefe von mir erhalten. Ich lebe
nur in meinen Noten, und ist das eine kaum da, so
ist das andere schon angefangen. So wie ich jetzt
schreibe, mache ich oft drei, vier Sachen zugleich. —
Schreibe mir jetzt öfter; ich will schon Sorge tragen,
daß ich Zeit finde, Dir zuweilen zu schreiben. Grüße
mir alle, auch die gute Frau Hofräthin (13) und sag'
ihr, daß ich noch zuweilen einen „raptus han." (14)
Was K. angeht, so wundere ich mich gar nicht über
deren Veränderung. Das Glück ist kugelrund und
fällt daher natürlich nicht immer auf das Edelste, das
Beste. — Wegen Ries, den mir herzlich grüße, ein
Wort; was seinen Sohn anbelangt, will ich Dir
näher schreiben, obschon ich glaube, daß, um sein
Glück zu machen, Paris besser als Wien sei; Wien
ist überschüttet mit Leuten, und selbst dem besten
Verdienst fällt es dadurch hart, sich zu halten. Bis
den Herbst oder bis zum Winter werde ich sehen, was
ich für ihn thun kann, weil dann alles wieder in die

Stadt eilt. — Leb wohl, guter, treuer Wegeler! Sei versichert von der Liebe und Freundschaft

Deines

Beethoven.

Erklärung der im obigen Briefe angeführten Noten.

(1) Die Jahreszahl fehlt; aus dem folgenden Briefe geht indessen hervor, daß diese höchst wahrscheinlich 1800 ist.

(2) Bonn hatte durch den Krieg den Fürsten, den Hof, die Regierungs-Collegien, die Universität, das Militair, kurz alle seine Nahrungsquellen verloren. Fabriken und Handel hatte es nie gehabt.

(3) Carl, Fürst von Lichnowsky, Graf zu Werdenberg, Dynast zu Granson, war ein gar großer Gönner, ja Freund Beethoven's, den er auch in sein Haus, als Gast, aufgenommen hatte, wo dieser auch, wenigstens einige Jahre, verblieb. Ich fand ihn daselbst gegen das Ende 1794 und verließ ihn dort in der Mitte 1796. Zugleich hatte Beethoven jedoch fast immer eine Wohnung auf dem Lande.

Der Fürst war ein großer Liebhaber und Kenner der Musik; er spielte Klavier und suchte dadurch, daß er Beethoven's Stücke studirte und bald mehr, bald weniger geschickt ausführte, diesem, den man häufig auf die Schwierigkeiten seiner Compositionen aufmerksam machte, zu beweisen, daß er nicht nöthig habe, in seiner Schreib-

art etwas zu ändern. Jeden Freitag Morgen
ward Musik bei ihm gemacht, wobei außer unserem
Freunde noch vier besoldete Künstler, nämlich
Schuppanzigh, Weiß, Kraft und noch
ein anderer (Link?), dann gewöhnlich auch ein
Dilettant, Zmeskall, thätig waren. Die
Bemerkungen dieser Herren nahm Beethoven jedesmal mit Vergnügen an. So machte ihn, um
nur Eins anzuführen, der berühmte Violoncellist
Kraft in meiner Gegenwart aufmerksam, eine
Passage in dem Finale des dritten Trio, **Opus I.**
mit: **sulla corda G** zu bezeichnen und in dem
zweiten dieser Trio's, den ⁴/₄ Tact, mit dem Beethoven das Finale bezeichnet hatte, in den ²/₄
umzuändern. Hier wurden die neuen Compositionen Beethoven's, in so weit sie dazu geeignet
waren, zuerst aufgeführt. Hier fanden sich gewöhnlich mehrere große Musiker und Liebhaber ein.
Auch ich war, so lange ich in Wien lebte, meistens,
wo nicht jedesmal, dabei zugegen. Hier spielte
Beethoven dem Veteranen Haydn zuerst die drei
diesem dedicirten Sonaten vor. Hier trug 1795
Graf Appony Beethoven auf, gegen ein be-
stimmtes Honorar ein Quartett zu componiren,
deren er bisher noch keines geliefert hatte. Der
Graf erklärte, er wolle das Quartett nicht, wie
sonst gewöhnlich, ein halbes Jahr vor der Herausgabe für sich allein haben, er fordere nicht die
Dedication desselben u. s. w.

Auf meine oft wiederholte Erinnerung an diesen Auftrag machte Beethoven sich zweimal an's Werk, allein bei'm ersten Versuch entstand ein großes Violin-Trio (Op. 3.) bei dem zweiten ein Violin-Quintett (Op. 4.). [1]

Hier wurde ihm einst von einem andern ungarischen Grafen (den ich, über sein Vorhaben von ihm zuerst befragt, dazu gleichsam aufforderte), eine schwere Bach'sche Composition im Manuscript vorgelegt, die er, wie der Besitzer sich ausdrückte, ganz so, wie Bach sie gespielt hatte,

---

[1] Ob und in wie weit nachstehende Aeußerung über Quartett-Compositionen auf Beethoven anwendbar ist, stelle ich Profaner dem Urtheile der Meister in der Kunst gern anheim. Mich mußte sie nothwendig an die hier erzählte Thatsache erinnern.

» Das Saiten-Quartett ist für den Componisten sowohl, als für die Executoren desselben, die allerschwierigste und gewissermaßen auch die undankbarste Gattung harmonischer Compositionen; denn keine Composition erfordert so tiefe, gründliche Kenntnisse sowohl des freien, als des strengen Satzes; so viel Feinheit, Zartheit und Bildung des Geschmackes, so viel Tiefe und Innigkeit des Geistes, als grade das Saiten-Quartett, das gewissermaßen als die Basis aller Instrumental-Musik im kleinen Rahmen mit 4 Mitteln all das Lebendige und Tiefe in den feinsten Zügen auszuführen gezwungen ist, wozu dem Orchester hundert Mittel zu Gebote stehen, und noch überdies ein Raum, bei welchem, eben seiner großen Ausdehnung wegen, die sorgfältige, einzelne zarte Ausführung zum Fehler wird. « — Frankfurter Conversations-Blatt Nro. 353. — 21. December 1836.

a vista vertrug. Hier brachte ihm einst ein
Wiener Autor, Förster, ein Quartett, welches
dieser noch am Morgen in's Reine geschrieben
hatte. Im zweiten Theil des ersten Stückes kam
das Violoncell heraus; Beethoven stand auf und
sang, seine Parthie immer fortspielend, die Baß-
begleitung vor. Als ich ihm hierüber, als einen
Beweis ausgezeichneter Kenntnisse sprach, erwiederte er lächelnd: „so mußte die Baßstimme
sein; sonst hätte der Autor ja keine Composition
verstanden." — Auf eine andere Bemerkung: Er
habe ja das nie gesehene Presto so schnell gespielt,
daß es schlechterdings unmöglich gewesen, die einzelnen Noten zu sehen, erwiederte er: „Das ist
auch keineswegs nöthig; wenn Du schnell liesest,
so mögen eine Menge Druckfehler vorkommen,
Du siehst oder achtest sie nicht, wenn nur die
Sprache Dir bekannt ist."

Nach dem Concert blieben die Musiker gewöhnlich zur Tafel. Hier fanden sich überdies
Künstler und Gelehrte ohne Unterschied des Standes ein. Die Fürstinn Christiane war die
hochgebildete Tochter des Grafen Franz Joseph
von Thun, welcher, übrigens ein sehr mildthätiger
und achtungswerther Herr, durch seinen Umgang mit
Lavater zur Schwärmerei neigte und bekanntlich
glaubte, durch die Kraft seiner rechten Hand
Krankheiten heilen zu können. (Siehe Conversations-Lexicon 7. Auflage. 11. Band S. 286.)

(4) Beethoven war sehr reizbar, folglich leicht aufgebracht. Ließ man jedoch die erste Regung bei ihm stillschweigend verrauchen, so lieh er den Vorstellungen ein offenes Ohr, ein versöhnliches Herz. Die Folge war, daß er dann weit mehr abbat, als er gefehlt hatte. So liegt mir ein Briefchen von ihm vor, das ich in Wien selbst erhielt; darin heißt es unter andern: — „In „was für einem abscheulichen Bilde hast Du mich „mir selbst gezeigt! O ich erkenne es, ich verdiene „Deine Freundschaft nicht, — — — es war „keine absichtliche, ausgedachte Bosheit von mir, „die mich so gegen Dich handeln ließ; es war „mein unverzeihlicher Leichtsinn." — — — So geht es drei Seiten hindurch und nun das Ende: „Doch nichts mehr, ich selbst komme zu Dir und „werfe mich in Deine Arme und bitte um den „verlornen Freund, und Du giebst Dich mir wieder, „dem reuevollen, Dich liebenden, Dich nie ver-„gessenden

Beethoven."

Zwei unten folgende Briefe an Fräulein von Breuning beweisen das Nämliche.

Später hatte er auch einmal mit Stephan von Breuning auf längere Zeit gebrochen (und mit welchem Freunde hatte er es nie?). Als er endlich auf anderm Wege von seinem großen Unrecht überzeugt ward, schrieb und handelte er auf die nämliche Art, worauf zwischen beiden die aufrichtigste Versöhnung statt fand und die innigste Freundschaft bis zum Tode Beethoven's ununterbrochen fortdauerte.

(5) Ueber Beethoven's Wohlstand und Armuth ist viel geschrieben worden. Was ich davon aus eigener Erfahrung weiß, ist Folgendes:

Beethoven, unter höchst beschränkten Umständen erzogen und immer gleichsam unter Vormundschaft, wenn auch nur jener seiner Freunde, gehalten, kannte nicht den Werth des Geldes und war dabei nichts weniger, als ökonomisch. So war, um nur Einiges anzuführen, die Zeit zum Mittagessen bei dem Fürsten auf 4 Uhr festgesetzt. „Nun soll ich," sagte Beethoven, „täglich um halb 4 Uhr zu Hause sein, mich etwas besser anziehen, für den Bart sorgen u. s. w. — Das halt' ich nicht aus!" So kam es, daß er häufig in die Gasthäuser ging, da er überdies hier, wie bei allen ökonomischen Angelegenheiten, um so schlimmer daran war, als er, wie gesagt, sich weder auf den Werth der Dinge, noch des Geldes verstand.

Der Fürst, der eine sehr laute Metallstimme hatte, gab einst seinem Jäger die Weisung: im Falle er und Beethoven zugleich klingelten, diesen zuerst zu bedienen. Beethoven hörte dieses und schaffte sich am nämlichen Tage einen eigenen Diener an; eben so, bei angebotenem vollem Marstall des Fürsten, ein eigenes Pferd, als ihn die schnell vorübergehende Lust anwandelte, reiten zu lernen.

Hinsichtlich des Geldes (oder wie Beethoven sich selbst verbessernd, in einem Briefe an Ferdinand Ries sagt: Honorars, *avec ou sans honneur*) für seine Werke ging die Uebereinkunft weit mehr von seinem Bruder Caspar, denn von ihm selbst, aus.

Daß Beethoven, selbst 1821, noch wenig Kenntniß in Geldangelegenheiten hatte, geht aus einem seiner Briefe hervor, dessen Mittheilung in der Urschrift ich der Güte des Herrn Polizeiraths Guisez in Aachen verdanke, bei dem er aufbewahrt wird.

Baden am 27. September 1821.

Euer Wohlgeboren

verzeihen meine Freiheit, Ihnen beschwerlich zu fallen. Dem Ueberbringer dieses, H. v. — habe ich aufgetragen, eine Banknote umzusetzen oder zu verkaufen; unbekannt mit Allem, was hiezu gehört, bitte ich Sie, doch selbem gütigst ihre Rathschläge und Einsichten mitzutheilen; ein Paar Krankheiten vom vergangenen Winter und Sommer haben mich etwas in meiner Oekonomie zurückgesetzt; seit dem 7ten September bin ich hier, wo ich bis Ende October bleiben muß. Das Alles kostet viel Geld und verhindert mich, es so, wie sonst, zu verdienen. Zwar erwarte ich von draußen Geld, allein da die Noten jetzt so hoch stehen, so habe ich dieß für das leichteste Mittel gehalten, mir für diesen Augenblick zu helfen, indem ich später wieder eine neue Banknote dafür kaufen werde. — —

— — — — — — — — —

Ihr Freund
(Eiligst und schleunigst.)   Beethoven.

Dieser nicht versiegelte Brief lag in einem Umschlage, worin Folgendes von Beethoven gleichsam als ein **P. S.** stand:

„Was ich für ein kaufmännisches Genie bin, werden Sie leicht einsehen; als dieser beifolgende Brief geschrieben war, besprach ich mich erst mit einem Freunde über die Note. Es zeigte sich alsdann sogleich, daß man nur einen Coupon abzuschneiden habe und damit ist die ganze Sache geendigt; ich bin also froh, daß ich Ihnen gar nicht damit beschwerlich fallen darf.

— — — — — — —   Der Ihrige
Beethoven.“

Man wird fragen: warum nun den, ihm anscheinend wenig bekannten Herrn noch mit dem Briefe behelligen? Die hier weggelassene kurze Bitte, den Ueberbringer in Schutz zu nehmen, hätte für sich allein nicht so viele Zeilen gebraucht, als die Nachschrift nöthig machte.

Uebrigens unterschreibe ich sehr gern von Seyfried's Aeußerung. Diese lautet, Seite 27: „Beethoven kannte weder Ehrgeiz (?) noch Verschwendung, aber eben so wenig den eigentlichen Werth des Geldes, welches er nur als Mittel betrachtete zur Anschaffung der unumgänglich nöthigen Bedürf-

„mße, und erst in den letzten Jahren zeigten sich
„Spuren einer ängstlichen Sparsamkeit, ohne jedoch
den angebornen Hang zum Wohlthun zu beein-
„trächtigen.“

Weitere Beweise einer völlig ungeregelten Oekonomie wird man vom Freunde Ries angeführt finden.

(6) Erst am Nachmittag des zweiten Tages vor der
Aufführung seines ersten Concerts (C dur) schrieb
er das Rondo und zwar unter ziemlich heftigen
Kolikschmerzen, woran er häufig litt. Ich half
durch kleine Mittel, so viel ich konnte. Im
Vorzimmer saßen vier Copisten, denen er jedes
fertige Blatt einzeln übergab.

Hier sei mir noch eine Abschweifung erlaubt. Bei
der ersten Probe, die am Tage darauf in Beethoven's Zimmer statt hatte, stand das Klavier
für die Blaseinstrumente einen halben Ton zu tief.
Beethoven ließ auf der Stelle diese und so auch
die übrigen, statt nach a, nach b stimmen und
spielte seine Stimme aus Cis.

(7) Peter Frank, Director der medicinischen Studien
in Pavia, dann des allgemeinen Krankenhauses
in Wien; erster classischer Schriftsteller über Me-
dicinal-Polizei u. s. w.

Beethoven unterstrich wahrscheinlich das Wort
Ton, weil er es mit der schönen Bedeutung, die
er kannte, nicht in Einklang bringen konnte, —
oder lachte er darüber?

(8) Dirigirender Feld-Staabs-Arzt, kaiserlicher Rath,

Indigena von Ungarn, Vater des in Deutschland und Frankreich rühmlichst bekannten practischen Arztes Joseph von Bering in Wien. Schon aus diesem und dem nachfolgenden Briefe ersieht man, daß Beethoven außer seiner Harthörigkeit an mancherlei Uebeln litt, und daß von Seyfried's Aeußerung (S. 13): „Krankheiten hat er (Beethoven) nie gekannt, trotz der ihm eigenen ungewöhnlichen Lebensweise" große Einschränkung fordert.

(9) Selbst Ries merkte, wie man sehen wird, in den ersten zwei Jahren nichts davon.

(10) Eleonore von Breuning, Ehefrau Wegeler.

(11) Im Pasquillatischen Hause?

(12) Ein bekanntes Bild von Füger, Director der Maler-Akademie in Wien, wie Erasistratus die Liebe des Antiochus zu seiner Stiefmutter Stratonice erkennt.

(13) Christoph von Breuning, Geheimer Revisions-Rath in Berlin.

(14) Die Mutter von Breuning.

(15) Wenn Beethoven, wie schon angeführt, statt Unterricht zu geben, zu der ihn beobachtenden Mutter von Breuning plötzlich zurückflog, oder ähnliche sogenannte Geniestreiche machte, sagte die gute Hausmutter immer mit Achselzucken: „Er hat heute wieder seinen Raptus." Daß das Wort und seine Bedeutung ihm lieb geblieben, beweiset eine Stelle aus Göthe's Briefwechsel

mit einem Kinde, 2. Theil S. 290. Bettina berichtet: „Gestern Abend schrieb ich noch Alles auf, heute Morgen las ich's ihm (Beethoven) vor;" er sagte: „hab' ich das gesagt? — nun, dann hab' ich einen Raptus gehabt.""

Wien, am 16. November 1801.

Mein guter Wegeler! ich danke Dir für den neuen Beweis Deiner Sorgfalt um mich, um so mehr, da ich es so wenig um Dich verdiene. — Du willst wissen, wie es mir geht, was ich brauche; so ungerne ich mich von dem Gegenstande überhaupt unterhalte, so thue ich es doch noch am liebsten mit Dir.

Vering läßt mich nun schon seit einigen Monaten immer Vesicatorien auf beide Arme legen, welche aus einer gewissen Rinde, wie Du wissen wirst, bestehen. (1) — Das ist nun eine höchst unangenehme Cur, indem ich immer ein Paar Tage des freien Gebrauchs (ehe die Rinde genug gezogen hat,) meiner Arme beraubt bin, ohne der Schmerzen zu gedenken; es ist nun wahr, ich kann es nicht leugnen, das Sausen und Brausen ist etwas schwächer, als sonst, besonders am linken Ohre, mit welchem eigentlich meine Gehörkrankheit angefangen hat, aber mein Gehör ist gewiß um nichts noch gebessert; ich wage es nicht zu bestimmen, ob es nicht eher schlechter geworden. — Mit meinem Unterleibe geht's besser; besonders wenn ich einige Tage das lauwarme Bad gebrauche, befinde ich mich 8 auch 10 Tage ziemlich wohl; sehr selten einmal etwas Stärkendes für den Magen; mit den Kräutern auf den Bauch fange ich jetzt auch nach Deinem Rathe an. — Von Sturzbädern will Vering nichts wissen; überhaupt aber bin ich mit ihm sehr unzufrieden; er hat gar zu wenig Sorge und Nachsicht für so eine Krankheit; käme ich nicht einmal zu ihm, und das geschieht auch mit viel Mühe, so würde ich ihn nie sehen. — Was hältst Du von Schmidt (2)? Ich wechsle zwar nicht gern, doch scheint mir, Vering ist zu sehr Praktiker, als daß er sich viel neue Ideen durchs Lesen verschaffte. — Schmidt scheint mir hierin ein ganz anderer Mensch zu sein und würde vielleicht auch nicht gar so nachlässig sein. — Man spricht Wunder vom Galvanism; was sagst Du dazu? ein Mediziner sagte mir, er habe ein taubstummes Kind sehen sein Gehör wieder erlangen (in Berlin) und einen Mann, der ebenfalls sieben Jahre taub gewesen und sein Gehör wieder erlangt habe. — Ich höre eben, Dein Schmidt (3) macht hiermit Versuche. —

Etwas angenehmer lebe ich jetzt wieder, indem ich mich mehr unter Menschen gemacht. Du kannst es kaum glauben, wie öde, wie traurig ich mein Leben seit 2 Jahren zugebracht; wie ein Gespenst ist mir mein schwaches Gehör überall erschienen, und ich floh die Menschen, mußte Misanthrop scheinen und bin's doch so wenig. — Diese Veränderung hat ein liebes, zauberisches Mädchen hervorgebracht, das mich liebt, und das ich liebe; es sind seit 2 Jahren wieder einige selige Augenblicke, und es ist das erste mal, daß ich fühle, daß Heirathen glücklich machen könnte; leider ist sie nicht von meinem Stande (4), — und jetzt — könnte ich nun freilich nicht heirathen; — ich muß mich nun noch wacker herumtummeln. Wäre mein Gehör nicht, ich wäre nun schon lange die halbe Welt durchgereiset und das muß ich. — Für mich giebt es kein größeres Vergnügen, als meine Kunst zu treiben und zu zeigen. — Glaub' nicht, daß ich bei euch glücklich sein würde. Was sollte mich auch glücklicher machen? Selbst eure Sorgfalt würde mir wehe thun, ich würde jeden Augenblick das Mitleiden auf euren Gesichtern lesen und würde mich nur noch unglücklicher finden. — Jene schönen vaterländischen Gegenden, was war mir in ihnen beschieden? Nichts, als die Hoffnung auf einen bessern Zustand; er wäre mir nun geworden — ohne dieses Uebel! O die Welt wollte ich umspannen von diesem frei! Meine Jugend, ja ich fühle es, sie fängt erst jetzt an; war ich nicht immer ein siecher Mensch? Meine körperliche Kraft nimmt seit einiger Zeit mehr als jemals zu und so meine Geisteskräfte. Jeden Tag gelange ich mehr zu dem Ziel, was ich fühle, aber nicht beschreiben kann. Nur hierin kann Dein Beethoven leben. Nicht's von Ruhe! — ich weiß von keiner andern, als dem Schlaf, und wehe genug thut mir's, daß ich ihm jetzt mehr schenken muß, als sonst. Nur halbe Befreiung von meinem Uebel, und dann — als vollendeter, reifer Mann, komme ich zu euch, erneuere die alten Freundschaftsgefühle. So glücklich, als es mir hienieden beschieden ist, sollt ihr mich sehen, nicht unglücklich. — Nein, das könnte ich nicht ertragen, ich will dem Schicksal in den Rachen greifen; ganz niederbeugen soll es mich gewiß nicht. — O es ist so schön, das Leben tausendmal leben! — Für ein stilles Leben, nein, ich fühl's, ich bin nicht mehr dafür gemacht. — Du schreibst mir doch so bald, als möglich. — Sorget, daß der Steffen sich bestimmt, sich irgendwo im deutschen Orden anstellen zu lassen. (5) Das Leben hier ist für seine Gesundheit mit zu viel Strapazzen verbunden. Noch obendrein führt er ein so isolirtes Leben, daß ich gar nicht sehe, wie er so weiter kommen will. Du weißt, wie das hier ist; ich will nicht einmal sagen, daß Gesellschaft seine Abspannung vermindern würde; man kann ihn auch nirgends hinzugehen überreden. — Ich habe einmal bei mir vor einiger Zeit Musik gehabt; unser Freund Steffen blieb doch aus. — (6) Empfehle ihm doch mehr Ruhe und Gelassenheit, ich habe schon auch Alles angewendet; ohne diese kann er nie weder glücklich noch gesund sein. — (7) Schreib' mir nun im nächsten Briefe, ob's nichts macht, wenn's recht viel ist, was ich Dir von meiner Musik schicke; Du kannst zwar das, was Du nicht brauchst, wieder verkaufen, und so hast Du Dein Postgeld — mein Portrait auch. — Alles mögliche Schöne und Verbindliche an die Lorchen — auch die Mama — auch Christoph. — Du liebst mich doch ein wenig? sei sowohl von dieser (meiner Liebe), als auch von der Freundschaft überzeugt Deines Beethoven.

Noten.

(1) Die Rinde von **Daphne mezereum** — Seidelbast.

(2) Joh. Adam Schmidt, k. k. Rath, Feldstaabs-arzt, öffentl. und ordentl. Lehrer der Heilkunde an der Josephinischen Academie, Augenarzt, Verfasser mehrerer classischen Schriften.

(3) Dein Schmidt. Mit Schmidt und Hun-czovsky lebte ich, bis zu ihrem Tode, in der freundschaftlichsten, innigsten Verbindung. Ersterer schrieb unter sein Portrait, das er mir schickte: **Cogitare et esse tui, idem est. Wegelero suo Schmidt.**

(4) In den biographischen Notizen, welche Herr Ign. Ritter von Seyfried den Studien von Beethoven anhing, findet sich S. 18. folgende Stelle: „Beet-hoven war nie verheirathet und, merkwürdig genug, auch nie in einem Liebes-Verhältniß." Die Wahr-heit, wie mein Schwager Stephan von Breuning, wie Ferdinand Ries, wie Bernhard Romberg, wie ich sie kennen lernte, ist: Beethoven war nie ohne eine Liebe und meistens von ihr im hohen Grade ergriffen. Seine und Stephan von Breuning's erste Liebe war Fräulein Jeannette d'Honrath aus Köln, Neumarkt Nro. 19. (jetziges Wohnhaus des Baumeisters Herrn Biercher), die oft einige Wochen in der von Breuning'schen Familie in Bonn zubrachte. Sie war eine schöne, lebhafte Blondine, von gefälliger Bildung und freundlicher Gesinnung, welche viele Freude an der Musik

und eine angenehme Stimme hatte. So neckte sie unsern Freund mehrmals durch den Vortrag eines damals bekannten Liedes:

> Mich heute noch von Dir zu trennen
> Und dieses nicht verhindern können,
> Ist zu empfindlich für mein Herz!

Denn der begünstigte Nebenbuhler war der österreichische Werbhauptmann in Köln, Carl Greth, welcher die b'Honrath heirathete und als Feldmarschall-Lieutenant, Inhaber des Infanterie-Regiments Nr. 28., Commandant von Temeswar ꝛc., den 15. October 1827 starb.

Darauf folgte die liebevollste Zuneigung zu einer schönen und artigen Fräulein v. W., von welcher Werther-Liebe Bernhard Romberg mir vor drei Jahren noch Anecdoten erzählte.

Diese Liebschaften fielen jedoch in das Uebergangs-Alter und hinterließen eben so wenig tiefe Eindrücke, als sie deren bei den Schönen erweckt hatten.

In Wien war Beethoven, wenigstens so lange ich da lebte, immer in Liebesverhältnissen und hatte mitunter Eroberungen gemacht, die manchem Adonis, wo nicht unmöglich, doch sehr schwer geworden wären.

Ob man aber auch, ohne die Liebe in ihren innersten Tiefen zu kennen, Adelaide und Fidelio und so manches Andere componiren könne, lasse ich die Kenner und die Dilettanten beurtheilen.

Doch was kann deutlicher sein, als Beethoven's Mittheilung in diesem Briefe, wie sehr Liebe ihm Bedürfniß war.

Bemerken will ich noch, daß, so viel mir bekannt geworden, jede seiner Geliebten höheren Ranges war.

(5) Die Familie von Breuning war lange im Besitz einer der ersten Stellen im deutschen Orden. Stephans Urgroßvater von Meierhoven war Kanzler des Ordens; ihm folgte in dieser Würde der Großvater von Breuning, dann der Onkel, zuletzt der Vetter. Stephan selbst war bei der Regierung in Mergentheim angestellt gewesen.

(6) Es mußte die Verstimmung bei diesem Freunde um so größer sein, als Breuning ein Musikliebhaber, vom Vater Ries zu einem vorzüglichen Violinspieler gebildet worden war und selbst mehrmals im Kurfürstlichen Cabinet gespielt hatte.

(7) Beethoven hatte den Gesundheitszustand seines Freundes nur zu richtig beurtheilt. Letzterer erfreute sich selten lange eines ungetrübten Wohlseins, arbeitete aber dennoch unermüdet. So ging es fort bis zu seinem Tode, der am 4ten Juni 1827, 2 1/3 Monat nach jenem Beethoven's, erfolgte. Breuning war in jeder Hinsicht ein vortrefflicher und allgemein hochgeschätzter Mann, und sein Tod muß um so allgemeiner bedauert werden, als er der Einzige war, in dem alle Eigenschaften vereinigt sich fanden, Beethoven's Biograph zu wer-

ben. Hatte er doch, mit kurzen Unterbrechungen, von seinem 10ten Jahre bis zu seinem Tode in der innigsten Verbindung mit ihm gelebt. Auch hatte ihn dieser, zum Beweis seiner hohen Achtung, zu einem der beiden Executoren seines Testaments ernannt.

———

In der Zwischenzeit war die Correspondenz zwischen uns eben nicht sehr lebhaft, wie aus dem nächsten Briefe hervorgeht. Doch mögen auch schon damals mehrere Briefe mir entkommen oder an Liebhaber von Autographien verschenkt worden sein. Hatte ich doch zu der Zeit, noch umgeben von einer großen Zahl Bekannter Beethoven's, keinen Trieb, seine Briefe zu sammeln; war doch jeder unserer Freunde eine Quelle von Erinnerungen an ihn. Dazu kamen die Notizen aus mittelbaren Quellen, deren ich in der Vorrede erwähnte.

———

Wien, am 2. Mai 1810.

Guter, alter Freund — beinahe kann ich es denken, erwecken meine Zeilen Staunen bei Dir, — und doch, obschon Du keine schriftlichen Beweise hast, bist Du noch immer bei mir im lebhaftesten Andenken. — Unter meinen Manuscripten ist selbst schon lange eins, was Dir zugedacht ist und was Du gewiß noch diesen Sommer erhältst. (1) Seit ein Paar Jahren hörte ein stilleres ruhigeres Leben bei mir auf, und ich ward mit Gewalt in das Weltleben gezogen; noch habe ich

kein Resultat dafür gefaßt und vielleicht eher dawider
— doch auf wen mußten nicht auch die Stürme von
außen wirken? Doch ich wäre glücklich, vielleicht einer
der glücklichsten Menschen, wenn nicht der Dämon in
meinen Ohren seinen Aufenthalt aufgeschlagen. Hätte
ich nicht irgendwo gelesen, der Mensch dürfe nicht frei-
willig scheiden von seinem Leben, so lange er noch eine
gute That verrichten kann, längst wär' ich nicht mehr
— und zwar durch mich selbst. — O so schön ist das
Leben, aber bei mir ist es für immer vergiftet. —

Du wirst mir eine freundschaftliche Bitte nicht
abschlagen, wenn ich Dich ersuche, mir meinen Taufschein zu besorgen. — Was nur immer für Unkosten
dabei sind, da Steffen Breuning mit Dir in Verrech-
nung steht, so kannst Du Dich da gleich bezahlt machen,
so wie ich hier an Steffen gleich Alles ersetzen werde. —
Solltest Du auch selbst es der Mühe werth halten, der
Sache nachzuforschen und es Dir gefallen, die Reise
von Coblenz nach Bonn zu machen, so rechne mir nur
Alles an. — Etwas ist unterdessen in Acht zu nehmen;
nämlich: daß noch ein Bruder früherer Geburt
vor mir war, der ebenfalls Ludwig hieß, nur mit
dem Zusatze: Maria, aber gestorben ist. Um mein
gewisses Alter zu bestimmen, muß man also diesen erst
finden, da ich ohnedies schon weiß, daß durch Andere
hierin ein Irrthum entstanden, da man mich älter
angegeben, als ich war. (2) — Leider habe ich eine
Zeitlang gelebt, ohne selbst zu wissen, wie alt ich bin.
— Ein Familienbuch hatte ich, aber es hat sich ver-

loren, der Himmel weiß, wie. — Also, laß Dich's
nicht verdrießen, wenn ich Dir diese Sache sehr warm
empfehle, den Ludwig Maria und den jetzigen
nach ihm gekommenen Ludwig ausfindig zu machen.
— Je bälder Du mir den Taufschein schickst, desto
größer meine Verbindlichkeit. — Man sagt mir, daß
Du in euren Freimaurer-Logen ein Lied von mir singst,
vermuthlich in E dur und was ich selbst nicht habe;
schick' mir's, ich verspreche Dir's drei und vierfältig
auf eine andere Art zu ersetzen. (8) — Denke mit
einigem Wohlwollen an mich, so wenig ich's dem
äußern Scheine nach um dich verdiene. — Umarme,
küsse Deine verehrte Frau, Deine Kinder, Alles, was
Dir lieb ist, im Namen Deines Freundes

Beethoven.

(1) Mein Loos hierin war auch jenes seines Schülers
  Ries; die Dedication blieb in den Briefen. Sind
  diese aber nicht höheren Werthes?

(2) Bezieht sich, wie sich später herausstellt, auf eine
  von Ries mitgetheilte Nachricht.

(3) Beethoven ist hier im Irrthum; es war nicht
  ein eigenes von ihm componirtes Lied, was er nicht
  mehr hatte, sondern nur ein anderer dem Opferlied von Matthisson unterlegter Text. Gleiches
  unternahm ich bei dem von ihm sehr früh com-
  ponirten Lied: Wer ist ein freier Mann?
  Ich erlaube mir, diese Texte im Anhang zuzu-
  setzen, so wie die Singstimmen und den Text zu

einem Adagio, welches mit Beethoven's Gutheißen,
gestochen wurde. Beethoven wünschte zugleich
einen Text zu dem Thema der Variationen zu
haben, womit die große dem Fürsten Lichnowsky
dedicirte Sonate (opus 26) anfängt, den ich ihm
jedoch, da er mir selbst nicht genügte, so wenig
wie einen andern, je übermachte.

———

Wien, den 29. September 1816.

Ich ergreife die Gelegenheit, durch J. Simrock (1)
Dich an mich zu erinnern. — Ich hoffe, Du hast
meinen Kupferstich (2) und auch das böhmische Glas
erhalten. Sobald ich einmal wieder Böhmen durch-
wandere, erhältst Du wieder etwas dergleichen. Leb'
wohl, Du bist Mann, Vater, ich auch, doch ohne
Frau. (8) Grüße mir all die Deinigen — die Unsrigen.
Dein Freund L. v. Beethoven.

(1) Joseph Simrock, gegenwärtiger Besitzer der Handlung.

(2) Dessiné — par — Letronne et gravé par —
Hoefel. 1814. Unten steht: Für meinen Freund
Wegeler. Wien, den 27. März 1815. Ludw. van
Beethoven. — Unser gemeinschaftlicher Freund,
der General-Director des Rheinzolls, Herr Eich-
hoff, hatte mir ihn vom Congreß mitgebracht.

(8) Beethoven erzog den Sohn seines Bruders Caspar,
der das Jahr vorher gestorben war.

———

Nachstehender Brief ist von fremder Hand und nur von Beethoven unterschrieben.

Wien, am 7. October 1826.

Mein alter geliebter Freund!

Welches Vergnügen mir Dein und Deiner Lorchen Brief verursachte, vermag ich nicht auszudrücken. Freilich hätte pfeilschnell eine Antwort darauf erfolgen sollen; ich bin aber im Schreiben überhaupt etwas nachlässig, weil ich denke, daß die bessern Menschen mich ohnehin kennen. Im Kopf mache ich öfter die Antwort, doch wenn ich sie niederschreiben will, werfe ich meistens die Feder weg, weil ich nicht so zu schreiben im Stande bin, wie ich fühle. Ich erinnere mich aller Liebe, die Du mir stets bewiesen hast; z. B. wie Du mein Zimmer weißen ließest und mich so angenehm überraschtest. (1) — Eben so von der Familie Breuning. Kam man von einander, so lag das im Kreislauf der Dinge; jeder mußte den Zweck seiner Bestimmung verfolgen und zu erreichen suchen. Allein die ewig unerschütterlichen Grundsätze des Guten hielten uns dennoch immer fest zusammen verbunden. Leider kann ich Dir heute nicht so viel schreiben, als ich wünschte, da ich bettlägerig bin, und beschränke mich darauf, einige Puncte Deines Briefes zu beantworten.

Du schreibst, daß ich irgendwo als natürlicher Sohn des verstorbenen Königs von Preußen angeführt bin; man hat mir davon vor langer Zeit ebenfalls gesprochen. Ich habe mir aber zum Grundsatz gemacht, nie weder etwas über mich zu schreiben, noch irgend etwas zu beantworten, was über mich geschrieben worden. Ich überlasse Dir daher gerne, die Rechtschaffenheit meiner Eltern, und meiner Mutter insbesondere, der Welt bekannt zu machen. Du schreibst von Deinem Sohne. Es versteht sich wohl von selbst, daß, wenn er hierher kommt, er seinen Freund und Vater in mir finden wird, und wo ich im Stande bin, ihm in irgend etwas zu dienen oder zu helfen, werde ich es mit Freude thun.

Von deiner Lorchen habe ich noch die Silhouette, woraus zu ersehen, wie mir alles Liebe und Gute aus meiner Jugend noch theuer ist. (2)

Von meinen Diplomen schreibe ich nur kürzlich, daß ich Ehrenmitglied der K. Gesellschaft der Wissenschaften in Schweden, eben so in Amsterdam und auch Ehrenbürger von Wien bin. — Vor Kurzem hat ein gewisser **Dr.** S p i e k e r meine letzte große Symphonie mit Chören nach Berlin mitgenommen; sie ist dem Könige gewidmet, und ich mußte die Dedication eigenhändig schreiben. Ich hatte schon früher bei der Gesandtschaft um die Erlaubniß, das Werk dem Könige zueignen zu dürfen, angesucht, welche mir auch von ihr gegeben wurde. Auf **Dr.** Spieker's Veranlassung mußte ich selbst das corrigirte Manuscript mit meinen eigenhändigen Verbesserungen demselben für den König übergeben, da es in die K. Bibliothek kommen soll. Man hat mich da etwas von dem rothen Adler-Orden 2ter Klasse hören lassen; wie es ausgehen wird, weiß ich nicht; denn nie habe ich derlei Ehrenbezeugungen gesucht, doch wäre sie mir in diesem Zeitalter wegen manches Andern nicht unlieb.

Es heißt übrigens bei mir immer: **Nulla dies sine linea,** und lasse ich die Muse schlafen, so geschieht es nur, damit sie desto kräftiger erwache. (3) Ich hoffe noch einige große Werke zur Welt zu bringen, und dann, wie ein altes Kind, irgendwo unter guten Menschen meine irdische Laufbahn zu beschließen. — Du wirst bald durch die Gebrüder S ch o t t in Mainz einige Musikalien erhalten. — Das Portrait, welches Du beiliegend bekömmst, ist zwar ein künstlerisches Meisterstück, doch ist es nicht das letzte, welches von mir verfertiget wurde. — Von Ehrenbezeugungen, dieDir, ich weiß es, Freude machen, melde ich Dir noch, daß mir von dem verstorbenen König von Frank- reich eine Medaille zugesandt wurde, mit der Inschrift: **Donné par le Roi à Monsieur Beethoven;** welche von einem sehr verbindlichen Schreiben des **premier gentilhomme du Roi, Duc de Châtres** begleitet wurde. (4)

Mein geliebter Freund! nimm für heute vorlieb; ohnehin ergreift mich die Erinnerung an die Ver- gangenheit, und nicht ohne viele Thränen erhältst Du diesen Brief. Der Anfang ist nun gemacht, und bald erhältst Du wieder ein Schreiben; und je öfter Du schreiben wirst, desto mehr Vergnügen wirst Du mir machen. Wegen unserer Freundschaft bedarf es von keiner Seite einer Anfrage, und so lebe wohl;

ich, bitte, Dich, Dein liebes Lorchen und Deine Kinder in meinem Namen zu umarmen und zu küssen, und dabei meiner zu gedenken. Gott mit euch Allen!

Wie immer Dein treuer, Dich ehrender wahrer Freund

Beethoven.

(1) Beethoven wohnte damals zu Bonn in der Wenzelgasse im Perettischen Hause.

(2) Die Silhouetten sämmtlicher Glieder der Familie von Breuning und der näheren Freunde des Hauses wurden in zwei Abenden von dem Maler Neesen in Bonn verfertigt; daher kam ich in den Besitz derjenigen von Beethoven, welche sich hier abgedruckt findet. Beethoven mag damals im 16ten Jahre gewesen sein.

(3) Beethoven schrieb unter dem 24. Juli 1804 von Baden an Ries: „Ich hätte mein Leben nicht „geglaubt, daß ich so faul sein kann, wie ich „hier bin. Wenn darauf ein Ausbruch des Fleißes „folgt, so kann wirklich was Rechtes zu Stande „kommen."

(4) Was von Beethoven's angeblicher Nichtachtung oder gar Verachtung solcher Auszeichnungen gemeldet wird, ist hiernach zu beurtheilen.

———

Wien, den 17. Februar 1827 (1).

Mein alter, würdiger Freund!

Ich erhielt wenigstens glücklicher Weise Deinen zweiten Brief von Breuning; noch bin ich zu schwach, ihn zu beantworten; Du kannst aber denken, daß mir alles darin willkommen und erwünscht ist. (2) Mit der Genesung, wenn ich es so nennen darf, geht es noch sehr langsam. Es läßt sich vermuthen, daß noch eine vierte Operation zu erwarten sey, obwohl die Aerzte noch nichts davon sagen. Ich gedulde mich und denke: alles Uebel führt manchmal etwas Gutes herbei. — Nun aber bin ich erstaunt, als ich in Deinem letzten Briefe gelesen, daß Du noch nichts erhalten. — Aus dem Briefe, den Du hier empfängst, siehst Du, daß ich Dir schon am 10. Dezember v. J. geschrieben. Mit dem Portrait ist es der nämliche Fall, wie Du, wenn Du es erhältst, aus dem Datum darauf wahrnehmen wirst. (3) „Frau Steffen sprach" — (4) Kurzum, Steffen verlangte Dir diese Sachen mit einer Gelegenheit zu schicken, allein sie blieben liegen, bis zum heutigen Datum, und wirklich hielt es noch schwer, sie bis heute zurück zu erlangen. Du erhältst nun das Portrait mit der Post durch die Herren Schott, welche Dir auch die Musikalien übermachten. — Wie viel möchte ich Dir heute noch sagen; allein ich bin zu schwach; ich kann daher nichts mehr, als Dich mit Deinem Lorchen im Geiste umarmen. Mit wahrer Freundschaft und Anhänglichkeit an Dich und an die Deinen

Dein alter, treuer Freund

Beethoven.

Auch dieser letzte Brief war von fremder Hand geschrieben, von Beethoven aber unterschrieben.

(1) Also einen Monat vor seinem Tode!

(2) Ich hatte ihn nämlich, in so weit mein Gedächtniß mir noch treu ist, in meinem Briefe an
Blumauer erinnert, der, nachdem man das
Wasser ihm abgezapft hatte, noch viele Jahre
gesund fortlebte. (Siehe dessen Epistel an Stoll.)
Ich theilte ihm den Plan mit, in den böhmischen
Bädern ihn abzuholen, mit ihm durch Umwege
an den obern Rhein zu reisen, darauf diesen
herab bis Coblenz, wo er dann sich vollends
stärken sollte u. s. w.

(3) Auf dem Portrait steht über seinem Namen
von Beethoven's Hand: „Meinem vieljährigen,
geehrten, geliebten Freunde F. W. Wegeler;"
ein Datum ist nicht dabei bemerkt.

(4) Anfang der zweiten Strophe des bekannten Liedes:
„Zu Steffen sprach im Traume" u. s. w.

Folgen nun zwei Briefe Beethoven's an Fräulein
von Breuning.

Wien, den 2. November 93.

Verehrungswürdige Eleonore!

Meine theuerste Freundinn!

Erst nachdem ich nun hier in der Hauptstadt bald
ein ganzes Jahr verlebt habe, erhalten Sie von mir
einen Brief, und doch waren Sie gewiß in einem
immerwährenden lebhaften Andenken bei mir. Schon
oft unterhielt ich mich mit Ihnen und Ihrer lieben
Familie, nur öfters nicht mit der Ruhe, die ich dabei
gewünscht hätte. Da war's, wo mir der fatale Zwist

noch vorschwebte, wobei mir mein damaliges Betragen
so verabscheuungswerth vorkam. Aber es war geschehen,
und wieviel gäbe ich dafür, wäre ich im Stande,
meine damalige, mich so sehr entehrende, sonst meinem
Charakter zuwiderlaufende Art zu handeln ganz aus
meinem Leben tilgen zu können. (1) Freilich waren
mancherlei Umstände, die uns immer von einander
entfernten, und wie ich vermuthe, war das Zuflüstern,
von den wechselweise gegen einander gehaltenen Reden
hauptsächlich dasjenige, was alle Uebereinstimmung ver-
hinderte. Jeder von uns glaubte hier, er spreche mit
wahrer Ueberzeugung, und doch war es nur angefach-
ter Zorn, und wir waren beide getäuscht. Ihr guter
und edler Charakter, meine liebe Freundinn, bürgt
mir zwar dafür, daß Sie mir längst vergeben haben.
Aber man sagt, die aufrichtigste Reue sei diese, wo
man sein Vergehen selbst gestehet; dieses habe ich ge-
wollt. — Und lassen Sie uns nun den Vorhang vor
diese ganze Geschichte ziehen und nur noch die Lehre
daraus nehmen, daß, wenn Freunde in Streit gerathen, es immer besser sei, keinen Vermittler dazu
zu brauchen, sondern daß der Freund sich an den
Freund unmittelbar wende.

Sie erhalten hier eine Dedication von mir an
Sie, wobei ich nur wünschte, das Werk wäre größer
und Ihrer würdiger. Man plagte mich hier um die
Herausgabe dieses Werkchens und ich benutzte diese
Gelegenheit, um Ihnen, meine verehrungswürdige
Eleonore, einen Beweis meiner Hochachtung und

Freundschaft gegen Sie und eines immerwährenden Andenkens an Ihr Haus zu geben. Nehmen Sie diese Kleinigkeit hin, und denken Sie dabei, sie kömmt von einem Sie sehr verehrenden Freunde. O, wenn Sie Ihnen nur Vergnügen macht, so sind meine Wünsche ganz befriedigt. (2) Es sei eine kleine Wieder-Erwekkung jener Zeit, wo ich so viele und so selige Stunden in Ihrem Hause zubrachte; vielleicht erhält es mich im Andenken bei Ihnen, bis ich einst wiederkomme, was nun freilich sobald nicht sein wird. O wie wollen wir uns dann, meine liebe Freundinn, freuen; Sie werden dann einen fröhlichern Menschen an Ihrem Freunde finden, dem die Zeit und sein besseres Schicksal die Furchen seines vorhergegangenen widerwärtigen ausgeglichen hat.

Sollten Sie die B. Koch (3) sehen, so bitte ich Sie, ihr zu sagen, daß es nicht schön sei von ihr, mir gar nicht einmal zu schreiben. Ich habe doch zwei Mal geschrieben; an Malchus (4) schrieb ich drei Mal und — keine Antwort. Sagen Sie ihr, daß, wenn sie nicht schreiben wollte, sie wenigstens Malchus dazu antreiben sollte. Zum Schlusse meines Briefs wage ich noch eine Bitte; sie ist, daß ich wieder gerne so glücklich sein mögte, eine von Hasen-Haaren gestrickte Weste von Ihrer Hand, meine liebe Freundinn, zu besitzen. (5) Verzeihen Sie die unbescheidene Bitte Ihrem Freunde. Sie entsteht aus großer Vorliebe für Alles, was von Ihren Händen ist, und heimlich kann ich Ihnen wohl sagen, eine kleine

Eitelkeit liegt dabei mit zum Grunde, nämlich: um sagen zu können, daß ich etwas von einem der besten, verehrungswürdigsten Mädchen in Bonn besitze. Ich habe zwar noch die erste, womit Sie so gütig waren, mich in Bonn zu beschenken, aber sie ist durch die Mode so unmodisch geworden, daß ich sie nur als etwas von Ihnen mir sehr Theures im Kleiderschrank aufbewahren kann. Vieles Vergnügen würden Sie mir machen, wenn Sie mich bald mit einem lieben Briefe erfreuten. Sollten Ihnen meine Briefe Vergnügen verursachen, so verspreche ich Ihnen gewiß, so viel mir möglich ist, hierin willig zu sein, so wie mir Alles willkommen ist, wobei ich Ihnen zeigen kann, wie sehr ich bin

Ihr Sie verehrender

wahrer Freund

L. v. Beethoven.

P. S. „Die V. (Variationen) werden etwas schwer zum Spielen sein, besonders die Triller im Coda. (6) Das darf Sie aber nicht abschrecken. Es ist so veranstalter, daß Sie nichts, als den Triller, zu machen brauchen, die übrigen Noten lassen Sie aus, weil sie in der Violinstimme auch vorkommen. Nie würde ich so etwas gesetzt haben; aber ich hatte schon öfter bemerkt, daß hier und da einer in W. war, welcher meistens, wenn ich des Abends fantasirt hatte, des andern Tages viele von meinen Eigenheiten aufschrieb, und sich damit brüstete. (7) Weil ich nun voraus sah, daß bald solche Sachen erscheinen würden, so nahm ich mir vor, ihnen zuvorzukommen. Eine andere Ursache war auch dabei, die hiesigen Klaviermeister in Verlegenheit zu setzen, nämlich: Manche davon sind meine Todfeinde, und so wollte ich mich auf diese Art an ihnen rächen, weil ich voraus wußte, daß man ihnen die V. hier und da vorlegen würde, wo die Herren sich dann übel dabei produciren würden.

Beethoven."

(1) Vergleiche, was oben in der Note 4 zum ersten Brief gesagt wurde, nämlich: Beethoven bäte immer mehr ab, als er gefehlt habe.

(2) Es sind die Variationen aus Mozart's Figaro: Se vuol ballare. Bei Dunst 4te Abtheilung Nr. 27. Später wurde ihr noch eine Sonate, oder richtiger Sonatine gewidmet, welche in der Ausgabe von Dunst im ersten Theil unter Nr. 64 vorkommt.

(3) Barbara Koch aus Bonn, nachherige Gräfinn Belderbusch, eine vertraute Freundinn der E. von Breuning, eine Dame, welche von allen Personen weiblichen Geschlechts, die ich in einem ziemlich bewegten Leben, bis zum hohen Alter hinaus, kennen lernte, dem Ideal eines vollkommenen Frauenzimmers am nächsten stand. Und dieser Ausspruch wird von Allen bestätiget, die das Glück hatten, ihr nahe zu stehen. Nicht nur jüngere Künstler, wie Beethoven, die beiden

Romberg, Reicha, die Zwillingsbrüder Kügel-
chen u. s. w. umgaben sie, sondern geistreiche Män-
ner von jedem Stand und Alter, wie D. Crevelt
der Hausgenosse, der früh verstorbene Professor
Velten, der nachherige Staatsrath Fischenich,
der Professor, nachherige Domcapitular Thaddäus
Dereser, der nachherige Bischof Wrede, die
Privat-Secretaire des Kurfürsten Heckel und
Floret, der Privat-Secretair des Oesterreichischen
Gesandten, Malchus, der nachherige Hollän-
dische Staatsrath von Keverberg, der Hofrath
von Bourscheidt, der hier erwähnte Christoph
von Breuning und viele Andere. — Ueberhaupt war es eine schöne, vielfach regsame Zeit
in Bonn, so lange der, selbst geniale, Kurfürst
Max Franz, Maria Theresia's jüngster Sohn
und Liebling, friedlich daselbst regierte.

(4) Nachheriger Graf von Marienstadt, Finanz-
Minister im Königreich Westphalen und später
im Königreich Würtemberg. Classischer Schriftsteller.

(5) Seidenhasen, Angorakaninchen.

(6) Mehrere Tacte hindurch wird ein Triller mit
wechselndem Fingersatz fortgeführt, wobei die drei
übrigen Finger zugleich beschäftiget sind. Der
Fingersatz ist dabei bemerkt.

(7) Beethoven klagte mir noch über diese Art Spio-
nerie. Er nannte mir H. Ab. G., einen sehr
fruchtbaren Compositeur in Variationen, der sich

stets in seiner Nähe einquartirte . Es mag dieses
eine Ursache mehr gewesen sein, warum Beethoven
auch immer eine Wohnung auf einem freien Platz
oder auf der Bastei zu haben suchte.

___

Zweiter Brief an Fräulein von Breuning.

Aeußerst überraschend war mir die schöne Halsbinde
von Ihrer Hand gearbeitet. Sie erweckte in mir Gefühle der Wehmuth, so angenehm mir auch die Sache
selbst war. Erinnerung an vorige Zeiten war ihre
Wirkung, auch Beschämung auf meiner Seite durch
Ihr großmüthiges Betragen gegen mich. Wahrlich,
ich dachte nicht, daß Sie mich noch Ihres Andenkens
würdig hielten. O hätten Sie Zeuge meiner gestrigen
Empfindungen bei diesem Vorfall sein können, so würden
Sie es gewiß nicht übertrieben finden, was ich Ihnen
vielleicht hier sage, daß mich Ihr Andenken weinent
und sehr traurig machte. — Ich bitte Sie, so wenig
ich auch in Ihren Augen Glauben verdienen mag,
glauben Sie mir, meine Freundinn (lassen Sie
mich Sie noch immer so nennen), daß ich sehr gelitten
habe und noch leide durch den Verlust Ihrer Freundschaft. Sie und Ihre theure Mutter werde ich nie
vergessen. Sie waren so gütig gegen mich, daß mir
Ihr Verlust nicht sobald ersetzt werden kann und wird,
ich weiß, was ich verlor, und was Sie mir waren,
aber — ich müßte in Scenen zurückkehren, sollte ich
diese Lücke ausfüllen, die Ihnen unangenehm zu hören
und mir, sie darzustellen sind.

Zu einer kleinen Wiedervergeltung für Ihr gütiges Andenken an mich, bin ich so frei, Ihnen hier diese Variationen und das Rondo mit einer Violine zu schicken. Ich habe sehr viel zu thun, sonst würde ich Ihnen die schon längst versprochene Sonate abgeschrieben haben. In meinem Manuscript ist sie fast nur Skizze, und es würde dem sonst so geschickten Paraquin (1) selbst schwer geworden sein, sie abzuschreiben. Sie können das Rondo abschreiben lassen, und mir dann die Partitur zurückschicken. Es ist das Einzige, das ich Ihnen hier schicke, was von meinen Sachen ohngefähr für Sie brauchbar war, und da Sie jetzt ohnedies nach Kerpen reisen, (2) dachte ich, es könnten diese Kleinigkeiten Ihnen vielleicht einiges Vergnügen machen.

Leben Sie wohl, meine Freundinn. Es ist mir unmöglich, Sie anders zu nennen, so gleichgültig ich Ihnen auch sein mag, so glauben Sie doch, daß ich Sie und Ihre Mutter noch eben so verehre, wie sonst. Bin ich im Stande, sonst etwas zu Ihrem Vergnügen beizutragen, so bitte ich Sie, mich doch nicht vorbeizugehen; es ist noch das einzig übrigbleibende Mittel, Ihnen meine Dankbarkeit für die genossene Freundschaft zu bezeigen.

Reisen Sie glücklich, und bringen Sie Ihre theure Mutter wieder völlig gesund zurück. Denken Sie zuweilen an Ihren

Sie noch immer verehrenden Freund

Beethoven.

Da dieſer Brief ohne Datum und Ueberſchrift iſt, überdies gleich oben auf dem Blatt ohne den kleinſten Zwiſchenraum anfängt, ſo halte ich ihn für die dritte Seite eines Schreibens, von dem das erſte Blatt verloren gegangen. Er dient als Beweis erſtlich der aufgeſtellten Behauptung, daß Beethoven mehr abbat, als er geſündiget hatte, und zweitens, ſeiner Verbindung mit der Familie von Breuning.

(1) Dieſer war Sänger und Contrebaſſiſt beim Kurfürſtlichen Orcheſter, als Künſtler ausgezeichnet wacker, und als Menſch hochgeachtet.

(2) Hier wohnte der Onkel von Breuning, zu dem die Familie mit ihren Freunden alljährlich auf 5 — 6 Wochen in die Vacanz zog. Auch Beethoven brachte mehrmals einige Wochen recht fröhlich dort zu, wo er häufig angehalten wurde Orgel zu ſpielen.

Aus den Briefen meines Schwagers Stephan von Breuning will ich nur Einen ausziehen, der ſich auf Beethoven's Oper Fidelio bezieht.

Wien, den 2ten Juni 1806.
Liebe Schweſter und lieber Wegeler!

Ueber Beethovens Oper habe ich Euch in meinem letzten Briefe, ſo viel ich mich erinnere, zu ſchreiben verſprochen. Da es Euch gewiß intereſſirt, ſo will ich dieſes Verſprechen erfüllen. Die Muſik iſt eine der schönsten und vollkommensten, die man hören kann; das Sujet ist interessant; denn es stellt die Befreiung eines Gefangenen durch die Treue und den Muth seiner Gattinn vor; aber bei dem Allen hat Nichts wohl Beethoven so viel Verdruß gemacht, als dieses Werk, dessen Werth man in der Zukunft erst vollkommen schätzen wird. Zuerst wurde sie sieben Tage nach dem Einmarsche der französischen Truppen, also im allerungünstigsten Zeitpunkte, gegeben. Natürlich waren die Theater leer und Beethoven, der zugleich einige Unvollkommenheiten in der Behandlung des Textes bemerkte, zog die Oper nach dreimaliger Aufführung zurück. Nach der Rückkehr der Ordnung nahmen er und ich[1]) sie wieder vor. Ich arbeitete ihm das ganze Buch um, wodurch die Handlung lebhafter und schneller wurde; er verkürzte viele Stücke, und sie ward hierauf dreimal mit dem größten Beifall aufgeführt. Nun standen aber seine Feinde bei dem Theater auf und da er mehrere, besonders bei der zweiten Vorstellung beleidigte, so haben diese es dahin gebracht, daß sie seitdem nicht weiter mehr gegeben worden ist. Schon vorher hatte man ihm viele Schwierigkeiten in den Weg gelegt und der einzige Umstand mag Euch zum Beweise der übrigen dienen, daß er bei der zweiten Aufführung nicht einmal erhalten konnte, daß die Ankündigung der Oper unter dem veränderten Titel: „Fidelio" wie sie auch in

---

[1]) Wahrscheinlich nach der Berathung, von welcher im **II.** Theile die Rede ist.

dem französischen Original heißt und unter dem sie
nach den gemachten Aenderungen gedruckt worden ist,
geschah. Gegen Wort und Versprechen fand sich bei
den Vorstellungen der erste Titel: „Leonore" auf
dem Anschlagezettel. Die Kabale ist für Beethoven
um so unangenehmer, da er durch die Nichtaufführung
der Oper, auf deren Ertrag er nach Procenten mit
seiner Bezahlung angewiesen war, in seinen ökonomischen Verhältnissen ziemlich zurück geworfen ist und
sich um so langsamer wieder erholen wird, da er einen
großen Theil seiner Lust und Liebe zur Arbeit durch
die erlittene Behandlung verloren hat. Die meiste
Freude habe ich vielleicht ihm gemacht, da ich, ohne
daß er etwas davon wußte, sowohl im November, als
bei der Aufführung am Ende März, ein kleines Gedicht drucken und in dem Theater austheilen ließ. Für
Wegelern will ich beide hier abschreiben, weil ich von
alten Zeiten weiß, daß er etwas auf dergleichen Dinge
hält; und da ich einst Verse auf seine Erhebung zum
Rector magnificus celeberrimae universitatis Bon-
nensis machte, so kann er nun durch Vergleichung
sehen, ob ich in meinem poetischen Gelegenheits-Genie
Fortschritte gemacht habe. Das erste kleine Gedicht
war in reimlosen Jamben:

> Sei uns gegrüßt auf einer größern Bahn,
> Worauf der Kenner Stimme laut Dich rief,
> Da Schüchternheit zu lang zurück Dich hielt!
> Du gehst sie kaum, und schon blüht Dir der Kranz,
> Und ältre Kämpfer öffnen froh den Kreis.

Wie mächtig wirkt nicht Deiner Töne Kraft;
Die Fülle strömt, gleich einem reichen Fluß;
Im schönen Bund schlingt Kunst und Anmuth
Und eigne Rührung lehrt Dich Herzen rühren.

Es hob, es regten wechselnd unsre Brust
Lenorens Muth, ihr Lieben, ihre Thränen;
Laut schallt nun Jubel ihrer seltnen Treu,
Und süßer Wonne weichet bange Angst.
Fahr' muthig fort; dem späten Enkel scheint
Ergriffen wunderbar von Deinen Tönen,
Selbst Thebens Bau dann keine Fabel mehr.

––––––––––

Das zweite besteht aus zwei Stanzen und enthält
eine Anspielung auf die Anwesenheit der französischen
Truppen zur Zeit der ersten Aufführung der Oper:

Noch einmal sei gegrüßt auf dieser Bahn,
Die Du betrat'st in bangen Schreckenstagen
Wo trübe Wirklichkeit von süßem Wahn
Die Zauberbinde riß und furchtbar Zagen
Nun All' ergriff, wie wann den schwachen Kahn
Des wilden Sturm's gewalt'ge Wellen schlagen;
Die Kunst floh scheu vor rohen Krieges = Scenen,
Der Rührung nicht, aus Jammer flossen Thränen.

Dein Gang voll eigner Kraft muß hoch uns freu'n,
Dein Blick, der sich auf's höchste Ziel nur wendet,
Wo Kunst sich und Empfindung innig reih'n.
Ja, schaue hin! der Musen schönste spendet
Dort Kränze Dir, indeß vom Lorbeerhain
Apollo selbst den Strahl der Weihung sendet.
Die ruh' noch spät auf Dir! in Deinen Tönen
Zeig' immer sich die Macht des wahren Schönen!

Diese Abschrift hat mich aber wirklich ganz ermüdet; ich kann daher wohl diesen ohnehin langen Brief schließen. Ich will Euch nur noch die Nachricht schreiben, daß Lichnowsky die Oper jetzt an die Königinn von Preußen geschickt hat und daß ich hoffe, die Vorstellungen in Berlin werden den Wienern erst zeigen, was sie hier haben.

———

Anhang.

Unterlegter Text zu Beethoven's Composition des
Opferlieds von Matthisson. (Seite 47.)

Bei der Aufnahme eines Maurers.

Das Werk beginnet! heil'ge Glut
Erhebe froh des Neulings Muth,
    Daß würdig er's vollbringe;
Sie stärke den noch schwachen, schwachen Sinn,
Damit er einstens zum Gewinn
    Die Palme sich erringe.

Tilg', großer Schöpfer, allen Wahn
In seiner Seel', daß er die Bahn
    Des Guten muthig wandle;
O gieb, daß er, wie es Dir wohlgefällt,
Den bessern Menschen zugesellt,
    Stets wie ein Maurer handle.

Unterlegter Text zum Lied: Wer ist ein freier Mann?
(Seite 47.)

Maurerfragen.

Chor.   Was ist des Maurers Ziel?
Eine Stimme. Stets edler sich zu heben,
      Das Höchste zu erstreben
      Frei von des Zufalls Spiel,
      Das ist des Maurers Ziel,
      Des Maurers schönes Ziel!
Chor.   Das ist des Maurers Ziel,
      Des Maurers schönes Ziel!

Was will der Maurer Bund?
Durch Beispiel und durch Lehren
Der Menschheit Werth bewähren
Auf diesem Erdenrund,
Das will der Maurer Bund,
Der Maurer heil'ger Bund!

Wem neigt der Maurer sich?
Wer wunde Herzen heilet,
Stets Trost zu bringen eilet,
Vergißt sein ganzes Ich,
Dem neigt der Maurer sich,
Der Maurer willig sich!

Wen kennt der Maurer nie?
Wer seinen Lüsten fröhnet,
Die inn're Stimme höhnet,
Herabsinkt bis zum Vieh,
Den kennt der Maurer nie,
Ihn kennt der Maurer nie!

Was preßt des Maurers Herz?
Daß er so manche Zähren
Nicht stillen kann, nicht wehren
So manchem tiefen Schmerz,
Das preßt des Maurers Herz,
Des Maurers fühlend Herz!

Wann schlägt das Herz ihm warm?
Wann er nach Maurerweise
Ganz unbemerkt und leise
Vermindert Gram und Harm,
Dann schlägt das Herz ihm warm,
Das Herz ihm fröhlich warm!

Wer lohnt des Maurers Thun?
Der in der grau'sten Ferne
Die Welten, Sphären, Sterne
Itzt gehen heißt, itzt ruhn,
Der lohnt des Maurers Thun,
Des Maurers edles Thun!

In der Ausgabe von Dunst 4te Abtheilung,
Nr. 27.

Die Klage.

Singstimme und Text zu dem Adagio in der
ersten der drei J. Haydn gewidmeten Sonaten (opus 2)
mit der Ueberschrift: die Klage.

Es findet sich diese Bearbeitung in der Ausgabe
der Beethoven'schen Werke irrthümlich als ein von ihm
einzeln verfaßtes Stück aufgeführt.

(Siehe die am Ende beigefügte Lithographie.)
(Diese drei Gedichte wurden 1797 verfertiget.)

Zweite Abtheilung.

Vorrede.

Die öftern Aufforderungen meines Freundes Wegeler, einige Fragmente aus dem Leben meines verewigten Lehrers und herzlichen Freundes Beethoven zu sammeln und, wenn ich nicht auf andere Weise darüber verfügen wollte, sie mit ihm gemeinschaftlich herauszugeben, bewogen mich, nicht ohne ein gewisses ängstliches Gefühl, einen Theil von dem, was mir in dieser Hinsicht besonders merkwürdig schien, niederzuschreiben und sowohl diese Notizen, als auch einige von Beethoven's Briefen, deren ich eine große Anzahl besitze, dem Freunde zum beabsichtigten Gebrauche zuzustellen *).

---

*) War mir doch der Ausspruch des Verfassers des Artikels: Ferdinand Ries im Conversations-Lexicon de neuesten Zeit ein kräftiger Antrieb, meinen Freund Ries zur Zusammenstellung dieser Fragmente aufzumuntern. Es heißt nämlich daselbst: „Sehr anziehend sind die Berichte, „welche Ries über sein nahes Verhältniß zu Beethoven zu „geben vermag, zumal da sein Zusammenleben mit diesem „Meister nicht nur in die Zeit fällt, wo derselbe sich auf „den höchsten Gipfel der Schöpfungskraft schwang, sondern

Die Richtigkeit der angeführten Thatsachen, dann der Ruhm des Mannes, den sie betreffen, sollen allein diesen Aufsätzen Werth geben; und so mögen sie als Fortsetzung und Vervollständigung der vorhergehenden, vom Freunde Wegeler aufgestellten, Notizen dienen und beide, was wir beabsichtigen, denjenigen ächte Quellen sein, welche eine vollständige Biographie des Verewigten zu liefern sich in der Folge berufen finden. Die Einfachheit des Stils wird man, da ich bisher nur durch musikalische Compositionen mit dem Publikum in Verkehr trat, wohl gern übersehen, ebenso etwaigen Mangel an Ordnung in der Darstellung; ich erzähle die Ereignisse, wie sie sich meinem Gedächtnisse darstellen; dem Leser wird es, wenn ihm daran gelegen, leicht werden, Ordnung hinein zu bringen. Und somit beginne ich ohne Weiteres meine Mittheilungen.

Frankfurt a. M., im Dezember 1837.

„auch in jene Zeit, wo Beethoven das Unglück hatte, sein „Gehör zu verlieren. Je weniger in den Lebensbeschreibungen „Beethoven's oder in dessen Nachlasse sich etwas Genügendes „über die psychische Wirkung dieses Unglück's auf den großen „Mann findet, und wir überhaupt mit genauern Nachrichten „über sein Wesen, die Art und Weise seines Componirens „nur sehr spärlich versehen sind, desto mehr ist es zu wünschen, „schen, daß Ries Memoiren über diese denkwürdige Zeit „herausgeben möchte. "

Wglr.

Als mein Vater, von dem ich den ersten und dabei, was für meine ganze Laufbahn höchst glücklich war, sehr gründlichen Unterricht im Clavierspiele und in der Musik überhaupt erhalten hatte, glaubte, es sei nunmehr Zeit, mich, da Bonn durch den Krieg tief herunter gekommen war, auswärts weiter auszubilden, so kam ich, fünfzehn Jahre alt, erst nach München und von da nach Wien.

Die freundlichen Verhältnisse, worin mein Vater mit dem Knaben und Jünglinge Beethoven ununterbrochen gestanden hatte, berechtigten ihn zu der Erwartung, ich würde von diesem gut aufgenommen werden. Ein Empfehlungsbrief führte mich ein. Als ich diesen bei meiner Ankunft in Wien, 1800, Beethoven überreichte, war er mit der Vollendung seines Oratoriums: Christus am Oelberge, sehr beschäftigt, da dieses eben in einer großen Akademie (Concerte) am Wiener Theater zu seinem Vortheile zuerst gegeben werden sollte. Er las den Brief durch und sagte: „ich kann Ihrem Vater jetzt nicht ant„worten; aber schreiben Sie ihm, ich hätte nicht ver„gessen, wie meine Mutter starb; damit wird er schon „zufrieden sein." Später erfuhr ich, daß mein Vater ihn, da die Familie sehr bedürftig war, bei dieser Gelegenheit auf jede Art thätig unterstützt hatte.

Beethoven fand gleich in den ersten Tagen, daß er mich brauchen könne, und so wurde ich oft schon früh um fünf Uhr geholt, wie auch am Tage der Aufführung des Oratoriums geschah. Ich traf ihn im Bette, auf einzelne Blätter schreibend. Als ich ihn fragte, was es sei, antwortete er: „Posaunen." — — Die Posaunen haben auch in der Aufführung von diesen Blättern geblasen.

Hatte man vergessen, diese Stimmen zu copiren? War es ein Nachgedanke? Ich war damals zu jung, um auf das künstlerische Interesse dabei zu merken. Wahrscheinlich war es jedoch ein Nachgedanke, da Beethoven die nicht copirten Blätter eben so hätte haben können, wie er die copirten besaß. Die Probe fing um acht Uhr Morgens an, und von neuen Sachen, nebst dem Oratorium, wurden, ebenfalls zum erstenmale, aufgeführt: Beethoven's zweite Symphonie in D dur, das Clavier=Concert in C moll und noch ein neues Stück, dessen ich mich nicht mehr erinnere. Es war eine schreckliche Probe und um halb drei Uhr Alles erschöpft und mehr oder weniger unzufrieden.

Fürst Karl Lichnowsky, der von Anfang der Probe beiwohnte, hatte Butterbrot, kaltes Fleisch und Wein in großen Körben holen lassen. Freundlich ersuchte er Alle, zuzugreifen, welches nun auch mit beiden Händen geschah und den Erfolg hatte, daß man wieder guter Dinge wurde. Nun bat der Fürst, das Oratorium noch einmal durchzuprobiren, damit es Abends recht gut ginge und das erste Werk dieser Art von Beethoven, seiner würdig, ins Publikum gebracht würde. Die Probe fing also wieder an. Das Concert begann um sechs Uhr, war aber so lang, daß ein Paar Stücke nicht gegeben wurden.

In der schon genannten Symphonie in **D**, die mir Beethoven in seiner eigenen Handschrift in Partitur geschenkt hatte, (und die mir leider von einem Freunde, aus reiner Freundschaft, gestohlen wurde,) zeigte sich im **Larghetto quasi Andante** etwas sehr Auffallendes. Das **Larghetto** ist nämlich so schön, so rein und freundlich gedacht, die Stimmenführung so natürlich, daß man sich kaum denken kann, es sei je etwas daran geändert worden. Der Plan war auch von Anfang an, wie er jetzt ist, allein in der zweiten Violine ist, beinahe schon in den ersten Linien, bei vielen Stellen ein **sehr bedeutender Theil** der Begleitung und an einigen Stellen auch in der Altviole, geändert, jedoch Alles so vorsichtig ausgestrichen, daß ich, trotz vieler Mühe, nie die Original = Idee herausfinden konnte. Ich habe auch Beethoven darüber gefragt, der mir aber trocken erwiederte: „so sei es besser."

Im Jahre 1802 componirte Beethoven in Heiligenstadt, einem anderthalb Stunden von Wien gelegenen Dorfe, seine dritte **Symphonie** (jetzt unter dem Titel: **Sinfonia eroica** bekannt). Beethoven dachte sich bei seinen Compositionen oft einen bestimmten

Gegenstand, obschon er über musikalische Malereien
häufig lachte und schalt, besonders über kleinliche der
Art. Hiebei mußten die Schöpfung und die Jahreszeiten
von Haydn manchmal herhalten, ohne daß Beethoven
jedoch Haydns höhere Verdienste verkannte, wie er
denn namentlich bei vielen Chören und anderen Sachen
Haydn die verdientesten Lobsprüche ertheilte. Bei dieser
Symphonie hatte Beethoven sich Buonaparte gedacht, aber diesen, als er noch erster Consul war.
Beethoven schätzte ihn damals außerordentlich hoch, und
verglich ihn den größten römischen Consuln. Sowohl
ich, als Mehrere seiner näheren Freunde haben diese
Symphonie schon in Partitur abgeschrieben, auf seinem
Tische liegen gesehen, wo ganz oben auf dem Titelblatte das Wort „Buonaparte", und ganz unten
„Luigi van Beethoven" stand, aber kein Wort
mehr. Ob und womit die Lücke hat ausgefüllt werden
sollen, weiß ich nicht. Ich war der erste, der ihm die
Nachricht brachte, Buonaparte habe sich zum Kaiser
erklärt, worauf er in Wuth gerieth und ausrief: „Ist
„der auch nichts anders, wie ein gewöhnlicher Mensch!
„Nun wird er auch alle Menschenrechte mit Füßen
„treten, nur seinem Ehrgeize fröhnen; er wird sich
„nun höher, wie alle Andern stellen, ein Tyrann
„werden!" Beethoven ging an den Tisch, faßte das
Titelblatt oben an, riß es ganz durch und warf es
auf die Erde. Die erste Seite wurde neu geschrieben
und nun erst erhielt die Symphonie den Titel: *Sin-*
fonia eroica. Späterhin kaufte der Fürst Lobkowitz

diese Composition von Beethoven zum Gebrauche auf
einige Jahre, wo sie dann in dessen Palais mehrmals
gegeben wurde. Hier geschah es, daß Beethoven, der
selbst dirigirte, einmal im zweiten Theile des ersten
Allegro's, wo es so lange durch halbirte Noten gegen
den Tact geht, das ganze Orchester so herauswarf,
daß wieder von vorn angefangen werden mußte.

———

In dem nämlichen Allegro ist eine böse Laune
Beethoven's für das Horn; einige Tacte, ehe im zweiten
Theile das Thema vollständig wieder eintrit, läßt Beethoven dasselbe mit dem Horn andeuten, wo die beiden
Violinen noch immer auf einem Secunden-Accorde
liegen. Es muß dieses dem Nichtkenner der Partitur
immer den Eindruck machen, als ob der Hornist schlecht
gezählt habe und verkehrt eingefallen sei. Bei der
ersten Probe dieser Symphonie, die entsetzlich war,
wo der Hornist aber recht eintrat, stand ich neben
Beethoven, und im Glauben, es sei unrichtig, sagte
ich: „der verdammte Hornist! kann der nicht zählen? —
Es klingt ja infam falsch!“ Ich glaube, ich war sehr
nah daran, eine Ohrfeige zu erhalten. — Beethoven
hat es mir lange nicht verziehen.

———

Am nämlichen Abend spielte Beethoven sein Clavier-
Quintett mit Blasinstrumenten; der berühmte Oboist
Ram von München spielte auch und begleitete Beet-
hoven im Quintett. — Im letzten Allegro ist einigemal

ein Halt, ehe das Thema wieder anfängt; bei einem derselben fing Beethoven auf einmal an zu phantasiren, nahm das Rondo als Thema, und unterhielt sich und die Andern eine geraume Zeit, was jedoch bei den Begleitenden nicht der Fall war. Diese waren ungehalten und Herr Ram sogar sehr aufgebracht. Wirklich sah es possirlich aus, wenn diese Herren, die jeden Augenblick erwarteten, daß wieder angefangen werde, die Instrumente unaufhörlich an den Mund setzten, und dann ganz ruhig wieder abnahmen. Endlich war Beethoven befriedigt und fiel wieder in's Rondo ein. Die ganze Gesellschaft war entzückt.

––––––––––

Der Trauer-Marsch in As-moll, in der dem Fürsten Lichnowsky gewidmeten Sonate (**Opus 26**) entstand aus den großen Lobsprüchen, womit der Trauer-Marsch Paer's, in dessen Oper „Achilles" von den Freunden Beethoven's aufgenommen wurde. *)

––––––––––

*) Beethoven war mit einer ihm sehr werthen Dame in einer Loge, als eben **La Molinara** aufgeführt wurde. Bei dem bekannten: **Nel cuor piu non mi sento**, sagte die Dame: sie habe Variationen über dieses Thema gehabt, sie aber verloren. Beethoven schrieb in der Nacht die **VI** Variationen hierüber und schickte sie am andern Morgen der Dame mit der Aufschrift: **Variazioni** u. s. w. **Perdute par la —** **— ritrovate par Luigi van Beethoven.** Sie sind so leicht, daß die Dame sie wohl a **vista** sollte spielen können.

Wglr.

Als Steibelt mit seinem großen Namen von Paris nach Wien kam, waren mehrere Freunde Beethoven's bange, dieser möchte ihm an seinem Rufe schaden.

Steibelt besuchte ihn nicht; sie fanden sich zuerst eines Abends beim Grafen Fries, wo Beethoven sein neues Trio in B-dur für Clavier, Clarinette und Violoncello (Opus 11) zum erstenmale vortrug. Der Spieler kann sich hierin nicht besonders zeigen. Steibelt hört es mit einer Art Herablassung an, machte Beethoven einige Complimente und glaubte sich seines Sieges gewiß. — Er spielte ein Quintett von eig'ner Composition, phantasirte und machte mit seinen Tremulando's, welches damals etwas ganz Neues war, sehr viel Effect. Beethoven war nicht mehr zum Spielen zu bringen. Acht Tage später war wieder Concert beim Grafen Fries. Steibelt spielte abermals ein Quintett mit vielem Erfolge, hatte überdies (was man fühlen konnte) sich eine brillante Phantasie einstudirt und sich das nämliche Thema gewählt, worüber die Variationen in Beethovens Trio geschrieben sind: dieses empörte die Verehrer Beethoven's und ihn selbst; er mußte nun an's Clavier, um zu phantasiren; er ging auf seine gewöhnliche, ich möchte sagen, ungezogene, Art an's Instrument, wie halb hingestoßen, nahm im Vorbeigehen die Violoncell-Stimme von Steibelt's Quintett mit, legte sie (absichtlich?) verkehrt auf's Pult und trommelte sich mit einem Finger von den ersten Tacten ein Thema heraus. — Allein nun einmal beleidigt und gereizt, phantasirte er so, daß Steibelt den Saal verließ ehe Beethoven aufgehört hatte, nie mehr mit ihm zusammenkommen wollte, ja es sogar zur Bedingung machte, daß Beethoven nicht eingeladen werde, wenn man ihn haben wolle.

Die Composition der meisten Werke, die Beethoven zu einer bestimmten Zeit fertig haben sollte, verschob er fast immer bis zum letzten Augenblick. So hatte er dem berühmten Hornisten **Ponto** versprochen, eine Sonate (**Opus 17**) für Clavier und Horn zu componiren und in Ponto's Concert mit ihm zu spielen; das Concert mit der Sonate war angekündiget, diese aber noch nicht angefangen. Den Tag vor der Aufführung begann Beethoven die Arbeit und beim Concerte war sie fertig.

—————

Die berühmte **Sonate in A moll** (**Opus 47**) mit Violin-Concertante, Rudolph **Kreuzer** in Paris dedicirt, hatte Beethoven ursprünglich für **Bridgetower**, einen englischen Künstler, geschrieben. Hier ging es nicht viel besser, obschon ein großer Theil des ersten Allegro's früh fertig war. Bridgetower drängte ihn sehr, weil sein Concert schon bestimmt war und er seine Stimme üben wollte.

Eines Morgens ließ mich Beethoven schon um halb fünf Uhr rufen und sagte: „Schreiben Sie mir diese Violinstimme des ersten Allegro's schnell aus." — (Sein gewöhnlicher Copist war ohnehin beschäftigt.) Die Clavierstimme war nur hier und da notirt. —

Das so wunderschöne Thema mit Variationen aus F dur hat Bridgetower aus Beethoven's eigener Handschrift im Concerte im Augarten, Morgens um acht Uhr, spielen müssen, weil keine Zeit zum Abschreiben war.

Hingegen war das letzte Allegro in $^6/_8$ A dur in der Violin- und Clavier-Stimme sehr schön abgeschrieben, weil es ursprünglich zu der ersten Sonate (Opus 30) in A dur mit Violine, welche dem Kaiser Alexander dedicirt ist, gehörte. Beethoven setzte nachher an dessen Stelle, da es doch für diese Sonate zu brillant sei, die Variationen, die sich jetzt dabei finden.

———

Beethoven gab eine große Akademie im Theater an der Wien, wo seine C moll- und seine Pastoral- (die fünfte und sechste) Symphonie, wie auch seine Phantasie für Clavier mit Orchester und Chor zum erstenmale aufgeführt wurden. Bei der Letzteren machte der Clarinettist, wo das letzte freundliche Thema variirt schon eingetreten ist, durch Versehen eine Reprise von acht Tacten. Da nur wenige Instrumente spielten, so fiel diese falsche Execution natürlich um so schreiender in's Gehör. — Beethoven sprang wüthend auf, drehte sich um und schimpfte auf die gröbste Art über die Orchestermitglieder und zwar so laut, daß das ganze Auditorium es hörte. Endlich schrie er: „von Anfang!" Das Thema begann wieder, Alle fielen richtig ein und der Erfolg war glänzend. Als aber das Concert vorbei war, erinnerten sich die Künstler nur zu wohl der Ehrentitel, welche Beethoven ihnen öffentlich gegeben, und geriethen nun, als ob die Beleidigung eben erst stattgefunden hätte, in die größte Wuth; sie schwuren, nie mehr spielen zu wollen, wenn Beethoven im Orchester wäre, u. s. w. Dies dauerte so lange, bis Dieser wieder etwas Neues componirt hatte, wo dann ihre Neugierde über ihren Zorn siegte.

Eine ähnliche Scene soll noch einmal vorgefallen sein, wo das Orchester ihn aber sein Unrecht mehr fühlen ließ, und alles Ernstes darauf bestand, daß er nicht dirigire. So habe Beethoven denn bei der Probe im Nebenzimmer bleiben müssen und es sehr lange gedauert, bis sich dieser Zwist wieder ausgeglichen.

Von allen Componisten schätzte Beethoven Mozart und Händel am meisten, dann S. Bach. Fand ich ihn mit Musik in der Hand oder lag etwas auf seinem Pulte, so waren es sicher Compositionen von einem dieser Heroen. Haydn kam selten ohne einige Seitenhiebe weg, welcher Groll bei Beethoven wohl noch aus frühern Zeiten herstammte. Eine Ursache desselben möchte wohl folgende gewesen sein: Die drei Trio's von Beethoven (Opus 1) sollten zum erstenmale der Kunst-Welt in einer Soirée beim Fürsten Lichnowsky vorgetragen werden. Die meisten Künstler und Liebhaber waren eingeladen, besonders Haydn, auf dessen Urtheil Alles gespannt war. Die Trio's wurden gespielt und machten gleich außerordentliches Aufsehen. Auch Haydn sagte viel Schönes darüber, rieth aber Beethoven, das dritte in C moll nicht herauszugeben. Dieses fiel Beethoven sehr auf, indem er es für das Beste hielt, so wie es denn auch noch Heute immer am meisten gefällt und die größte Wirkung hervorbringt. Daher machte diese Aeußerung Haydn's auf Beethoven einen bösen Eindruck und ließ bei ihm die Idee zurück: Haydn sei neidisch, eifersüchtig und meine es mit ihm nicht gut. Ich muß gestehen, daß, als Beethoven mir dieses erzählte, ich ihm wenig Glauben schenkte. Ich nahm daher Veranlassung, Haydn selbst darüber zu fragen. Seine Antwort bestätigte aber Beethoven's Aeußerung, indem er sagte, er habe nicht geglaubt, daß dieses Trio so schnell und leicht verstanden und vom Publikum so günstig aufgenommen werden würde.

Bei der nämlichen Gelegenheit fragte ich Haydn, warum er nie ein Violin=Quintett geschrieben habe und erhielt die lakonische Antwort: er habe immer mit vier Stimmen genug gehabt. Man hatte mir nämlich gesagt, es seien drei Quintette von Haydn begehrt worden, die er aber nie hätte componiren können, weil er sich in den Quartett=Stil so hinein geschrieben habe, daß er die fünfte Stimme nicht finden könne. Er habe angefangen, es sei aber aus einem

Versuche am Ende ein Quartett, aus dem andern eine Sonate geworden.

———————

Haydn hatte gewünscht, daß Beethoven auf den Titel seiner ersten Werke setzen möchte: „Schüler von Haydn." Beethoven wollte dieses nicht, weil er zwar, wie er sagte, einigen Unterricht bei Haydn genommen, aber nie etwas von ihm gelernt habe. (Bei seiner ersten Anwesenheit in Wien hatte er einigen Unterricht von Mozart erhalten, doch hat dieser, wie Beethoven klagte, ihm nie gespielt.) Auch bei Albrechtsberger hatte Beethoven im Contrapuncte und bei Salieri über dramatische Musik Unterricht genommen. Ich habe sie alle gut gekannt; alle drei schätzten Beethoven sehr, waren aber auch einer Meinung über sein Lernen. Jeder sagte: Beethoven sei immer so eigensinnig und selbstwollend gewesen, daß er Manches durch eigene harte Erfahrung habe lernen müssen, was er früher nie als Gegenstand eines Unterrichts habe annehmen wollen. Besonders waren Albrechtsberger und Salieri dieser Meinung; die trokkenen Regeln des Erstern und die unwichtigeren des Letzteren über dramatische Compositionen (nach der ehemaligen Italienischen Schule) konnten Beethoven nicht ansprechen. Ob die von Ritter von Seyfried herausgegebenen Studien den „unwiderlegbaren Beweis liefern: „daß Beethoven seine zwei unter Albrechtsberger's „Augen vollbrachten Lehrjahre mit rastloser Beharrlich-

„feit den theoretiſchen Studien widmete,“ bleibt dem=
nach noch zu bezweifeln.

————

Zum Beweiſe des eben Angeführten mag Folgendes
dienen: Auf einem Spaziergange ſprach ich ihm ein=
mal von zwei reinen Quinten, die auffallend und ſchön
in einem ſeiner erſten Violin=Quartette in **C moll**
klingen. Beethoven wußte ſie nicht und behauptete,
es ſei unrichtig, daß es Quinten wären. Da er die
Gewohnheit hatte, immer Notenpapier bei ſich zu
tragen, ſo verlangte ich es und ſchrieb ihm die Stelle
mit allen vier Stimmen auf. Als er nun ſah, daß
ich Recht hatte, ſagte er: „Nun! und wer hat ſie
denn verboten?“ — Da ich nicht wußte, wie ich
die Frage nehmen ſollte, wiederholte er ſie einigemal,
bis ich endlich voll Erſtaunen antwortete: „es ſind ja
doch die erſten Grundregeln.“ Die Frage wurde
noch einmal wiederholt und darauf ſagte ich: „Marpurg,
Kirnberger, Fuchs ꝛc. ꝛc., alle Theoretiker!“ — „Und
ſo erlaube ich ſie!“ war ſeine Antwort.

————

Die drei Solo=Sonaten (**Opus 31**) hatte Beet=
hoven an Nägeli in Zürich verſagt, während ſein
Bruder Carl (Caspar), der ſich, leider! immer um
ſeine Geſchäfte bekümmerte, dieſe Sonaten an einen
Leipziger Verleger verkaufen wollte. Es war öfters
deswegen unter den Brüdern Wortwechſel, weil Beet=
hoven ſein einmal gegebenes Wort halten wollte. Als

die Sonaten auf dem Puncte waren, weggeſchickt zu
werden, wohnte Beethoven in Heiligenſtadt. Auf
einem Spaziergange kam es zwiſchen den Brüdern zu
neuem Streite, ja endlich zu Thätlichkeiten. Am
andern Tage gab er mir die Sonaten, um ſie auf
der Stelle nach Zürich zu ſchicken, und einen Brief
an ſeinen Bruder, der in einen andern an Stephan
von Breuning zum Durchleſen eingeſchlagen war. Eine
ſchönere Moral hätte wohl keiner mit gütigerem Herzen
predigen können, als Beethoven ſeinem Bruder über
ſein geſtriges Betragen. Erſt zeigte er es ihm unter
der wahren, verachtungswerthen Geſtalt, dann verzieh'
er ihm Alles, ſagte ihm aber auch eine üble Zukunft
vorher, wenn er ſein Leben und Betragen nicht völlig
ändere. Auch der Brief, den er an Breuning geſchrieben hatte, war ausgezeichnet ſchön.

———————

Die nämlichen Sonaten führten noch einen ſonder-
baren Umſtand herbei. Als die Correctur ankam, fand
ich Beethoven beim Schreiben. „Spielen Sie die
Sonaten einmal durch,“ ſagte er zu mir, wobei er
am Schreibpulte ſitzen blieb. Es waren ungemein
viele Fehler darin, wodurch Beethoven ſchon ſehr un-
geduldig wurde. Am Ende des erſten Allegro's, in der
Sonate in G dur, hatte aber Nägeli ſogar vier Tacte
hinein componirt, nämlich nach dem vierten Tacte des
letzten Halts:

Als ich diese spielte, sprang Beethoven wüthend auf, kam herbei gerannt und stieß mich halb vom Clavier, schreiend: „Wo steht das, zum Teufel?" — Sein Erstaunen und seinen Zorn kann man sich kaum denken, als er es so gedruckt sah. Ich erhielt den Auftrag, ein Verzeichniß aller Fehler zu machen und die Sonaten auf der Stelle an Simrock in Bonn zu schicken, der sie nachstechen und zusetzen sollte: Edition très correcte. — Diese Bezeichnung findet sich noch heute auf dem Titelblatte. Es sind jedoch diese vier Tacte in einigen andern nachgestochenen Ausgaben noch immer zu finden.

Hierher gehören nachstehende Billete Beethoven's an mich:

„Sein Sie so gut und ziehen Sie die Fehler aus „und schicken das Verzeichniß davon gleich an Simrock, „mit dem Zusatze, daß er nur machen soll, daß sie „bald erscheine, — ich werde übermorgen ihm die „Sonate und das Concert schicken.

Beethoven."

„Ich muß Sie noch einmal bitten um das wider-
„wärtige Geschäft, die Fehler der Zürichischen Sonaten
„in's Reine zu schreiben und dem Simrock zu schicken;
„das Verzeichniß der Fehler, welches Sie gemacht,
„finden Sie bei mir auf der Wieden."

Lieber Ries!

„Es sind sowohl die Zeichen schlecht angezeigt, als
„auch an manchen Orten die Noten versetzt, —
„also mit Achtsamkeit! — sonst ist die Arbeit wieder
„umsonst. Ch'à detto l'amato bene?"

Beethoven verschaffte mir ein Engagement als
Clavierspieler beim Grafen Browne. Dieser hielt
sich eine Zeit lang in Baden bei Wien auf, wo ich
häufig Abends Beethoven'sche Sachen, theils von den
Noten, theils auswendig vor einer Versammlung von
gewaltigen Beethovianern spielen mußte. Hier konnte
ich mich überzeugen, wie bei den Meisten schon der
Name allein hinreicht, Alles in einem Werke schön
und vortrefflich, oder mittelmäßig und schlecht zu finden.
Eines Tages, des Auswendigspielens müde, spielte ich
einen Marsch, wie er mir gerade in den Kopf kam,
ohne irgend eine weitere Absicht. Eine alte Gräfinn,
die Beethoven mit ihrer Anhänglichkeit wirklich quälte,
gerieth darüber in ein hohes Entzücken, da sie glaubte,
es sei etwas Neues von demselben, was ich, um mich
über sie sowohl, als über die andern Enthusiasten lustig
zu machen, nur zu schnell bejahte. Unglücklicherweise

kam Beethoven selbst den nächsten Tag nach Baden.
Als er nun des Abends beim Grafen Browne kaum
in's Zimmer trat, fing die Alte gleich an, von dem
äußerst genialen, herrlichen Marsche zu sprechen. Man
denke sich meine Verlegenheit. Wohl wissend, daß
Beethoven die alte Gräfinn nicht leiden konnte, zog
ich ihn schnell bei Seite und flüsterte ihm zu, ich hätte
mich nur über ihre Albernheit belustigen wollen. Er
nahm die Sache zu meinem Glücke sehr gut auf, aber
meine Verlegenheit wuchs, als ich den Marsch wiederholen mußte, der nun viel schlechter gerieth, da Beethoven neben mir stand. Dieser erhielt nun von Allen
die außerordentlichsten Lobsprüche über sein Genie, die
er ganz verwirrt und voller Grimm anhörte, bis sich
dieser zuletzt durch ein gewaltiges Lachen auflösete.
Später sagte er mir: „Sehen Sie, lieber Ries! das
„sind die großen Kenner, welche jede Musik so richtig
„und so scharf beurtheilen wollen. Man gebe ihnen
„nur den Namen ihres Lieblings; mehr brauchen sie
„nicht."

———————

Dieser Marsch veranlaßte übrigens das Gute, daß
Graf Browne gleich die Composition dreier Märsche zu
vier Händen, welche der Fürstinn Esterhazy gewidmet
wurden (Opus 45), von Beethoven begehrte.

———————

Beethoven componirte einen Theil des zweiten
Marsches, während er, was mir noch immer unbegreiflich ist, mir zugleich Lection über eine Sonate gab,

die ich Abends in einem kleinen Concerte bei dem eben
erwähnten Grafen vortragen sollte. Auch die Märsche
sollte ich daselbst mit ihm spielen.

Während Letzteres geschah, sprach der junge Graf
P.... in der Thüre zum Nebenzimmer so laut und
frei mit einer schönen Dame, daß Beethoven, da
mehrere Versuche, Stille herbeizuführen erfolglos blieben,
plötzlich mitten im Spiele mir die Hand vom Clavier
wegzog, aufsprang und ganz laut sagte: „für solche
Schweine spiele ich nicht."

Alle Versuche, ihn wieder an's Clavier zu bringen,
waren vergeblich; sogar wollte er nicht erlauben, daß
ich die Sonate spielte. So hörte die Musik zur allgemeiner Mißstimmung auf.

Eines Abends sollte ich beim Grafen Browne eine
Sonate von Beethoven (A moll, Opus 23) spielen,
die man nicht oft hört. Da Beethoven zugegen war
und ich diese Sonate nie mit ihm geübt hatte, so erklärte ich mich bereit, jede andere, nicht aber diese,
vorzutragen. Man wendete sich an Beethoven, der
endlich sagte: „Nun, Sie werden sie wohl so schlecht
„nicht spielen, daß ich sie nicht anhören dürfte."
So mußte ich. Beethoven wendete, wie gewöhnlich,
mir um. Bei einem Sprunge in der linken Hand,
wo eine Note recht herausgehoben werden soll, kam ich
völlig daneben und Beethoven tupfte mit einem Finger
mir an den Kopf, was die Fürstinn L.........,
die mir gegenüber auf das Clavier gelehnt saß, lächelnd

bemerkte. Nach beendigtem Spiele sagte Beethoven:
„Recht brav, Sie brauchen die Sonate nicht erst bei
„mir zu lernen. Der Finger sollte Ihnen nur meine
„Aufmerksamkeit beweisen." —

Später mußte Beethoven spielen und wählte die
D moll-Sonate (Opus 31), welche eben erst erschienen
war. Die Fürstinn, welche wohl erwartete, auch Beethoven würde etwas verfehlen, stellte sich nun hinter
seinen Stuhl und ich blätterte um. Bei dem Tacte 53
in 54 verfehlte Beethoven den Anfang und anstatt mit
2 und 2 Noten herunter zu gehen, schlug er mit der
vollen Hand jedes Viertel (3 — 4 Noten zugleich,)
im Heruntergehen an. Es lautete, als sollte ein Clavier ausgeputzt werden. — Die Fürstinn gab ihm
einige, nicht gar sanfte Schläge an den Kopf, mit
der Aeußerung: „Wenn der Schüler einen Finger
„für e i n e verfehlte Note erhält, so muß der Meister
„bei größeren Fehlern mit vollen Händen bestraft
„werden." Alles lachte und Beethoven zuerst. Er
fing nun aufs Neue an und spielte wunderschön, besonders trug er das Adagio unnachahmlich vor.

———

Es sind sehr viele Sachen von Beethoven erschienen
unter der Bezeichnung: «Arrangé par l'Auteur
même;» aber nur vier von diesen sind ächt; nämlich:
1. Aus seinem berühmten Septett arrangirte er: 1. ein
Violin-Quintett und 2. ein Clavier-Trio. 3. Aus
seinem Clavier-Quintett mit vier Blasinstrumenten
bildete er das Clavier-Quartett mit drei Saiteninstru-

menten; 4. dann arrangirte er noch das dem St.
von Breuning dedicirte Violin-Concert (Opus 61)
zu einem Clavier-Concerte. Viele andere Sachen
wurden von mir arrangirt, von Beethoven durchgesehen, und dann von seinem Bruder Caspar, unter
Beethoven's Namen, verkauft.

———

Wenn Beethoven mir Lection gab, war er, ich
möchte sagen, gegen seine Natur, auffallend geduldig.
Ich mußte dieses, so wie sein nur selten unterbrochenes
freundschaftliches Benehmen gegen mich größtentheils
seiner Anhänglichkeit und Liebe für meinen Vater zu-
schreiben. So ließ er mich manchmal eine Sache
zehnmal, ja noch öfter, wiederholen. In den Variationen in **F dur**, der Fürstinn Odescalchi gewidmet
(**Opus 34**), habe ich die letzten Adagio-Variationen
siebenzehnmal fast ganz wiederholen müssen; er war mit
dem Ausdrucke in der kleinen Cadenze immer noch nicht
zufrieden, obschon ich glaubte, sie eben so gut zu spielen,
wie er. Ich erhielt an diesem Tage beinahe zwei volle
Stunden Unterricht. Wenn ich in einer Passage etwas
verfehlte, oder Noten und Sprünge, die er öfter r e c h t
h e r a u s g e h o b e n haben wollte, falsch anschlug, sagte
er selten etwas; allein, wenn ich am Ausdrucke, an Cres-
cendo's u. s. w. oder am Charakter des Stückes etwas
mangeln ließ, wurde er aufgebracht, weil, wie er sagte,
das Erstere Zufall, das Andere Mangel an Kenntniß,

an Gefühl, oder an Achtsamkeit sei. Ersteres geschah auch ihm gar häufig, sogar wenn er öffentlich spielte.

———

Beethoven war äußerst gutmüthig, aber eben so leicht gereizt und mißtrauisch, wovon die Quelle in seiner Harthörigkeit, mehr aber noch in dem Betragen seiner Brüder lag. Seine erprobtesten Freunde konnten leicht durch jeden Unbekannten bei ihm verläumdet werden; denn er glaubte nur zu schnell und unbedingt. Er machte alsdann dem Beargwohnten keine Vorwürfe, begehrte keine Erklärung, sondern zeigte auf der Stelle in seinem Betragen gegen ihn den größten Trotz und die höchste Verachtung. Da er in allem außerordentlich heftig war, so suchte er auch beim vermeinten Feinde die empfindlichste Seite auf, um ihm seinen Zorn zu beweisen. Daher wußte man häufig nicht, woran man mit ihm war, bis sich die Sache, und zwar meistens zufällig, aufklärte. Dann suchte er aber auch sein Unrecht eben so schnell und wirksam wieder gut zu machen. Unter vielen will ich folgenden Beweis des hier Angeführten wählen.

Beethoven sollte als Capellmeister zum Könige von Westphalen kommen; der Contract, wodurch ihm sechshundert Ducaten Gehalt, nebst (wenn ich nicht irre,) freier Equipage zugesichert wurden, war ganz fertig; es fehlte nur seine Unterzeichnung. Dieses gab die Veranlassung, daß der Erzherzog Rudolph und die Fürsten Lobkowitz und Kinsky ihm lebenslänglich einen Gehalt zusagten, unter der einzigen Bedingung, daß er nur in den Kaiserlichen Staaten bleibe. Das Erstere wußte ich, das Letztere nicht, als plötzlich Capellmeister Reichard zu mir kam und mir sagte, „Beethoven nähme die Stelle in Cassel bestimmt nicht an; ob ich, als Beethoven's einziger Schüler, mit geringerem Gehalte dorthin gehen wolle." Ich glaubte Ersteres nicht, ging gleich zu Beethoven, um mich nach der Wahrheit dieser Aussage zu erkundigen und ihn um Rath zu fragen. Drei Wochen lang wurde ich abgewiesen, sogar meine Briefe darüber nicht beantwortet. Endlich fand ich Beethoven auf der Redoute. Ich ging sogleich auf ihn zu und machte ihn mit der Ursache meines Ansuchens bekannt, worauf er in einem schneidenden Tone sagte: „So — glauben Sie, „daß Sie eine Stelle besetzen können, die „man mir angeboten hat?" — Er blieb nun kalt und zurückstoßend. Am andern Morgen ging ich zu ihm, um mich mit ihm zu verständigen. Sein Bedienter sagte mir in einem groben Tone: Mein Herr ist nicht zu Hause, obschon ich ihn im Nebenzimmer singen und spielen hörte. Nun dachte ich, da der Bediente mich schlechterdings nicht melden wollte, grade hineinzugehen; allein dieser sprang nach der Thür und stieß mich zurück. Hierüber in Wuth gebracht faßte ich ihn an der Gurgel, und warf ihn schwer nieder. Beethoven, durch das Getümmel aufmerksam gemacht, stürzte heraus, fand den Bedienten noch auf dem Boden und mich todtenbleich. Höchst gereizt, wie ich nun war, überhäufte ich ihn mit Vorwürfen der

Art, daß er vor Erstaunen nicht zu Wort kommen konnte und unbeweglich stehen blieb. Als die Sache aufgeklärt war, sagte Beethoven: „So habe ich das nicht gewußt; man hat mir gesagt, Sie suchten die Stelle hinter meinem Rücken zu erhalten." Auf meine Versicherung, daß ich noch gar keine Antwort gegeben hätte, ging er sogleich, um seinen Fehler gut zu machen, mit mir aus. Allein es war zu spät; ich erhielt die Stelle nicht, obschon sie damals ein sehr bedeutendes Glück für mich gewesen wäre.

Besonders bemühten sich seine Brüder, alle näheren Freunde von ihm fern zu halten, und was diese auch immer Schlechtes gegen ihn trieben, wovon man ihn vollständig überzeugte, so kostete es ihnen nur ein Paar Thränen und gleich vergaß er Alles. Er pflegte dann zu sagen: „es ist doch immer mein Bruder," und der Freund bekam Vorwürfe für seine Gutmüthigkeit und Offenheit. *)

---

*) In wie weit die Aeußerung des v. Seyfried: „Zwei jüngere „Brüder waren ihm nach Wien gefolgt, welche ihm die drük- „kende Last der Sorgen für seine ökonomischen Bedürfnisse von „den Schultern wälzten und den im bürgerlichen Leben fast „steinfremden Kunstpriester so zu sagen, recht eigentlich bevor- „munden mußten," im guten oder schlimmen Sinne genommen werden müsse, wird der Beurtheilung des Lesers überlassen.

Wglr.

Der Zweck der Brüder wurde in der Art erreicht, daß sich viele Freunde von ihm zurückzogen, besonders als es seiner Harthörigkeit wegen schwieriger wurde, sich mit ihm zu unterhalten.

Beethoven litt nämlich schon im Jahr 1802 verschiedenemal am Gehör, allein das Uebel verlor sich wieder. *) Die beginnende Harthörigkeit war für ihn eine so empfindliche Sache, daß man sehr behutsam sein mußte, ihn durch lauteres Sprechen diesen Mangel nicht fühlen zu lassen. Hatte er etwas nicht verstanden, so schob er es gewöhnlich auf eine Zerstreutheit, die ihm allerdings in höherem Grade eigen war. Er lebte viel auf dem Lande, wohin ich denn öfter kam, um eine Lection zu erhalten. Zuweilen sagte er dann, Morgens um acht Uhr nach dem Frühstück: „Wir wollen erst ein wenig spazieren gehen." Wir gingen, kamen aber mehrmals erst um 3 — 4 Uhr zurück, nachdem wir auf irgend einem Dorfe etwas gegessen hatten. Auf einer dieser Wanderungen gab Beethoven mir den ersten auffallenden Beweis der Abnahme seines Gehörs, von der mir schon Stephan von Breuning gesprochen hatte. Ich machte ihn nämlich auf einen

---

*) Aus seinem ersten und zweiten Briefe an mich geht hervor, daß er schon früher, als 1800, an diesem Uebel litt, was er mir als Freund und als Arzt vertraute, aber noch längere Jahre auch seinen näheren Umgebungen zu verbergen wußte.

Wglr.

Hirten aufmerkſam, der auf einer Flöte, aus Flieder-
holz geſchnitten, im Walde recht artig blies. Beethoven konnte eine halbe Stunde hindurch gar nichts
hören, und wurde, obſchon ich ihm wiederholt ver-
ſicherte, auch ich höre nichts mehr, (was indeß nicht
der Fall war,) außerordentlich ſtill und finſter. —
Wenn er ja mitunter einmal luſtig erſchien, ſo war
er es meiſtens bis zur Ausgelaſſenheit, doch geſchah
dieſes nur ſelten.

Bei einem ähnlichen Spaziergange, auf dem wir
uns ſo verirrten, daß wir erſt um acht Uhr nach
Döbling, wo Beethoven wohnte, zurückkamen, hatte
er den ganzen Weg über für ſich gebrummt oder theil-
weiſe geheult, immer herauf und herunter, ohne be-
ſtimmte Noten zu ſingen. Auf meine Frage, was es
ſei, ſagte er, „da iſt mir ein Thema zum letzten
Allegro der Sonate eingefallen" (in F moll Opus 57).
Als wir in's Zimmer traten, lief er, ohne den Hut
abzunehmen, an's Clavier. Ich ſetzte mich in eine
Ecke, und er hatte mich bald vergeſſen. Nun tobte
er wenigſtens eine Stunde lang über das neue, ſo
ſchön daſtehende Finale in dieſer Sonate. Endlich
ſtand er auf, war erſtaunt, mich noch zu ſehen, und
ſagte: „Heute kann ich Ihnen keine Lection geben,
ich muß noch arbeiten."

Unter den Klavierſpielern lobte er mir Einen als
ausgezeichneten Spieler: John Cramer. Alle an-

7*

dern galten ihm wenig. Er spielte seine eigenen Sachen sehr ungern.

Einst machte er ernstlich den Plan zu einer gemein= schaftlichen großen Reise, wo ich alle Concerte ein= richten, und seine Clavier=Concerte sowohl als andere Compositionen spielen sollte. Er selbst wollte dirigiren und nur phantasiren. Letzteres war freilich das Außer= ordentlichste, was man hören konnte, besonders wenn er gut gelaunt oder gereizt war. Alle Künstler, die ich je phantasiren hörte, erreichten bei weitem nicht die Höhe, auf welcher Beethoven in diesem Zweige der Ausübung stand. Der Reichthum der Ideen, die sich ihm aufdrangen, die Launen, denen er sich hin= gab, die Verschiedenheit der Behandlung, die Schwie= rigkeiten, die sich darboten oder von ihm herbeigeführt wurden, waren unerschöpflich.

———

Einst, als wir nach beendigter Lection über Thema's zu Fugen sprachen, ich am Klavier und er neben mir saß und ich das erste Fugenthema aus Graun's Tod Jesu spielte, fing er an, mit der linken Hand es nachzuspielen, brachte dann die rechte dazu und arbeitete es nun, ohne die mindeste Unterbrechung, wohl eine halbe Stunde durch. Noch kann ich nicht begreifen, wie er es so lange in dieser höchst unbequemen Stel= lung hat aushalten können. Seine Begeisterung machte ihn für äußere Eindrücke unempfindlich.

———

Als Clementi nach Wien kam, wollte Beethoven gleich zu ihm gehen; allein sein Bruder setzte ihm in den Kopf, Clementi müsse ihm den ersten Besuch machen. Clementi, obschon viel älter, würde dieses wahrscheinlich auch gethan haben, wären darüber keine Schwätzereien entstanden. So kam es, daß Clementi lange in Wien war, ohne Beethoven anders, als von Ansehen zu kennen. Oefters haben wir im Schwanen an einem Tische zu Mittag gegessen, Clementi mit seinem Schüler Klengel und Beethoven mit mir; alle kannten sich, aber keiner sprach mit dem andern oder grüßte nur. Die beiden Schüler mußten dem Meister nachahmen, weil wahrscheinlich jedem der Verlust der Lectionen drohte, den ich wenigstens bestimmt erlitten haben würde, indem bei Beethoven nie ein Mittelweg möglich war.

———————

In der Sonate (in C dur, Opus 53), die seinem ersten Gönner, dem Grafen von Waldstein gewidmet ist, war anfänglich ein großes Andante. Ein Freund Beethoven's äußerte ihm, die Sonate sei zu lang, worauf dieser von ihm fürchterlich hergenommen wurde. Allein ruhigere Ueberlegung überzeugte meinen Lehrer bald von der Richtigkeit der Bemerkung. Er gab nun das große Andante in F dur, $^3/_8$ Tact, allein heraus und componirte die interessante Introduction zum Rondo, die sich jetzt darin findet, später hinzu.

———————

Dieses Andante hat aber eine traurige Rückerinnerung in mir zurückgelassen. Als Beethoven es unserm Freunde Krumpholz und mir zum erstenmale vorspielte, gefiel es uns auf's höchste und wir quälten ihn so lange, bis er es wiederholte. Beim Rückwege, am Hause des Fürsten Lichnowsky vorbeikommend, ging ich hinein, um ihm von der neuen herrlichen Composition Beethovens zu erzählen und wurde nun gezwungen, das Stück, so gut ich mich dessen erinnern konnte, vorzuspielen. Da mir immer mehr einfiel, so nöthigte mich der Fürst, es nochmals zu wiederholen. So geschah es, daß auch dieser einen Theil desselben lernte.

Um Beethoven eine Ueberraschung zu machen, ging der Fürst des anderen Tages zu ihm und sagte, auch er habe etwas componirt, welches gar nicht schlecht sei. Der bestimmten Erklärung Beethovens, er wolle es nicht hören, ungeachtet, setzte sich der Fürst hin und spielte zu des Componisten Erstaunen einen guten Theil des Andante.

Beethoven wurde hierüber sehr aufgebracht und diese Veranlassung war Schuld, daß ich Beethoven nie mehr spielen hörte. Denn er wollte nie mehr in meiner Gegenwart spielen und begehrte mehrmals, daß ich bei seinem Spiele das Zimmer verlassen sollte. Eines Tages, wo eine kleine Gesellschaft nach dem Concerte im Augarten (Morgens um 8 Uhr) mit dem Fürsten frühstückte, worunter auch Beethoven und ich waren, wurde vorgeschlagen, nach Beethoven's Haus zu fahren, um seine, dazumal noch nicht aufgeführte Oper Leonore

zu hören. Dort angekommen, verlangte Beethoven
auch, ich sollte weggehen, und da die dringendsten
Bitten aller Anwesenden fruchtlos blieben, that ich es
mit Thränen in den Augen. Die ganze Gesellschaft
bemerkte es. Fürst Lichnowsky, mir nachgehend, verlangte, ich möchte im Vorzimmer warten, weil er selbst
die Veranlassung dazu gegeben habe und nun die Sache
ausgeglichen haben wollte. Mein gekränktes Ehrgefühl
ließ dies jedoch nicht zu. Ich hörte nachher, Lichnowsky
wäre gegen Beethoven wegen seines Betragens sehr
heftig geworden, da doch nur Liebe zu seinen Werken
Schuld an dem ganzen Vorfalle und folglich auch an
seinem Zorne sei. Diese Vorstellungen führten jedoch
nur dahin, daß er nun auch der Gesellschaft nicht
mehr spielte.

———————

Von seinen Violin=Quartetten, Opus 18, hat er
das dritte in D dur von allen Quartetten zuerst componirt; das jetzt voranstehende in F dur war ursprünglich das dritte.

———————

Nun noch eine Notiz über Fidelio, oder richtiger:
über Leonore.

Herr Röckel (gegenwärtig in London) 1807 Tenorist
am Wiener-Theater und mit Beethoven in freund-
schaftlichem Verhältnisse, wie z. B. aus dem Geschenke
eines Englischen Lericons hervorgeht, wovon ein mir
vorliegendes Billet spricht, erzählte mir im Frühling
1837 daselbst folgende Anekdote. Im Jahre 1807
sollte Beethoven's Oper Leonore wieder auf die Bühne

gebracht werden, die bekanntlich im Jahre 1805 durch-
gefallen war. Die Hauptursache dieses Mißlingens
war, daß sie zuerst aufgeführt wurde, als die Franzosen,
und zwar erst seit kurzem, Wien besetzt hatten. Damals
waren alle Musikliebhaber und reicheren Leute, welche
nur immer konnten, entflohen, so daß meistens nur
französische Offiziere im Theater sich einfanden. Dann
war der Text, wie auch die Musik, án vielen Stellen
außerordentlich gedehnt und zwar so, daß die Handlung nur einen sehr schleppenden Fortgang nahm.
Beethoven's Freunde hatten also beschlossen, die Oper
zu verkürzen, zu welchem Zwecke eine Zusammenkunft
beim Fürsten Lichnowsky diente. Es bestand diese aus
dem Fürsten, der Fürstinn (die das Clavier übernahm
und bekanntlich eine ausgezeichnete Spielerinn war),
dem Hofrathe von Collin, dem Stephan von Breuning,
welche beide letztern sich über die Abkürzungen schon
besprochen hatten, — dann dem Herrn Meyer, erstem
Bassisten, Herrn Röckel und Beethoven. Anfänglich
vertheidigte dieser jeden Tact; als man sich aber allgemein dahin aussprach, daß ganze Stücke ausbleiben
müßten und Herr Meyer erklärte, kein Sänger könne
die Arie des Pizarro mit Effect singen, wurde Beethoven grob und aufgebracht. Endlich versprach er eine
neue Arie für den Pizarro zu componiren (es war
jene, welche jetzt Nr. 7 im Fidelio steht), und der
Fürst brachte ihn zuletzt dahin, daß er zugab, diese
Sachen sollten (aber nur versuchsweise,) bei der ersten
Aufführung wegbleiben; man könne sie, hieß es, ja

immer wieder einlegen oder anders benutzen; so wie
die Sache jetzt stehe, sei doch einmal der Effect verfehlt. Nach langem Unterreden gab Beethoven nach,
— und die gestrichenen Stücke sind nie wieder aufgeführt worden.

Diese Sitzung dauerte von 7 Uhr Abends bis
2 Uhr, wo ein fröhliches Mahl die Sache beschloß.

Unter den weggelassenen Stücken war ein Duett, $^9/_8$,
für zwei Soprane, und, wie ich glaube, noch eine
Arie, ein Terzett, $^3/_4$. Beide erstern Stücke besitzt
oder besaß Herr Dunst in Frankfurt. Das Duett
ist mit einer obligaten Violine, und wurde hier in
Frankfurt in dem Concerte für Beethoven's Denkmal aufgeführt. So leicht es erscheint, so schwierig
und anstrengend ist es. Ob bei der Umarbeitung noch
mehr ausfiel, ist mir nicht bekannt.

Bei dieser Gelegenheit erhielt Röckel die Rolle
des Florestan. Die Arie Florestan's, Nr. 11 (Anfang
des 2ten Actes), hatte bei der ersten Bearbeitung mit
dem Adagio im $^3/_4$ Tact aufgehört. Das Allegro in
F dur wurde von Beethoven erst später für einen
Tenoristen, der sonst nicht auftreten wollte, hinzugefügt.
Bei der ersten Bearbeitung hatte Florestan am Ende
vier ganze Tacte Adagio das hohe F auszuhalten,
wobei die Instrumente sich langsam verloren. Dies
konnte jener Tenorist nicht und so ist, wahrscheinlich bei
der Umarbeitung, der Theil des Adagio's, der wieder
in den Grundton F dur oder F moll fällt, wegge-
blieben, indem es jetzt aus As dur, $^3/_4$ Adagio gradezu

in Allegro ³/₄ F dur fällt. So erzählte mir Herr
Röckel die Sache, der auch die Singpartie in Beet=
hoven's eigener Handschrift noch zu besitzen versicherte.

Folgendes Briefchen Beethoven's gehört hierher:

„Lieber Röckel! machen Sie Ihre Sache nur recht
gut bei der Milder. Sagen Sie ihr nur, daß Sie
heute sie schon in meinem Namen voraus bitten, damit
sie nirgends anders singen möge. Morgen komme
ich aber selbst, um den Saum ihres Rockes zu küssen.
Vergessen Sie doch auch nicht die Marconi, und
werden Sie nicht böse auf mich, daß ich Sie mit so
Vielem belästige.

Ganz Ihr

Beethoven.“

Ich erinnere mich nur zweier Fälle, wo Beethoven
mir einige Noten sagte, die ich seiner Composition zu=
setzen sollte, einmal im Rondo der Sonate pathétique,
(Opus 13) und dann im Thema des Rondo's seines
ersten Concertes in C dur, wo er mir mehrere Doppel=
griffe angab, um es brillanter zu machen.

Ueberhaupt trug er letzteres Rondo mit einem ganz
eigenen Ausdrucke vor. Im Allgemeinen spielte er selbst
seine Compositionen sehr launig, blieb jedoch meistens
fest im Tacte, und trieb nur zuweilen, jedoch selten,
das Tempo etwas. Mitunter hielt er in seinem cres=
cendo mit ritardando das Tempo zurück, welches
einen sehr schönen und höchst auffallenden Effekt machte.

Beim Spielen gab er bald in der rechten, bald in der linken Hand irgend einer Stelle einen schönen, schlechterdings unnachahmbaren Ausdruck; allein äußerst selten setzte er Noten oder eine Verzierung zu.

———

Eine künstlerisch sehr auffallende Sache trug sich zu mit einer seiner letzten Solo-Sonaten (in B dur mit der großen Fuge, **Opus 106**), die gestochen **41 Seiten lang ist**. Beethoven hatte mir diese nach London zum Verkaufe geschickt, damit sie dort zu gleicher Zeit, wie in Deutschland, herauskommen sollte. Als der Stich derselben beendigt war und ich täglich auf einen Brief wartete, der den Tag der Herausgabe bestimmen sollte, erhielt ich zwar diesen, allein mit der auffallenden Weisung: „**Setzen Sie** „**zu Anfang des Adagio** (welches 9 bis 10 Sei- „**ten im Stiche ist**) **noch diese zwei Noten als** „**ersten Tact dazu.**"

Ich gestehe, daß sich mir unwillkührlich die Idee aufbrang: „sollte es wirklich bei meinem lieben alten Lehrer etwas spuken?" ein Gerücht, welches mehrmals verbreitet war. Zwei Noten zu einem so großen, durch und durch gearbeiteten, schon ein halbes Jahr vollendeten Werke nachzuschicken!! Allein wie stieg mein Erstaunen bei der Wirkung dieser zwei Noten. Nie können ähnlich effectvolle, gewichtige Noten einem schon vollendeten Stücke zugesetzt werden, selbst dann nicht, wenn man es beim Anfange der Composition schon beabsichtigte. Ich rathe jedem

Kunstliebenden, den Anfang dieses Adagio's zuerst ohne, und nachher mit diesen zwei Noten, welche nunmehr den ersten Tact bilden, zu versuchen, und es ist kein Zweifel, daß er meine Ansicht theilen wird.

Beethoven hatte die Partitur der Schlacht von Wittoria an den König von England Georg IV. durch die Oesterreichische Gesandtschaft geschickt und das Werk diesem gewidmet; da er jedoch sehr lange nichts davon hörte, außer daß sie zur Aufführung in den Oratorien, bei den Festen der Directoren des Drury-Lane-Theaters in London gegeben sei und mit sehr großem Beifalle jeden Abend aufgeführt würde, erhielt ich auf einmal als Einschlag einen eigenhändigen, jedoch in einem besondern Couvert versiegelten Brief von Beethoven an den König, mit dem Auftrage, ihn persönlich zu übergeben. Da solches, besonders bei diesem König, unmöglich war, indem nur die höchsten Personen, und auch diese nur mit Auswahl, zu ihm gelassen wurden, überdies der Brief schon durch den Anblick schreckte, da Beethoven selbst ihn gemacht und seiner Absicht nach schön geschrieben hatte, so wendete ich mich an Herrn von Bauer, Secretair bei der Oesterreichischen Gesandtschaft. Dieser erwiederte mir: unmöglich könne der Gesandte den Brief in seiner Stellung dem König übergeben; er wolle jedoch suchen, ihn durch einen Privaten in des Königs Hände zu bringen. Aber auch dieser Versuch war fruchtlos. Endlich gelang es mir, die Ueberreichung durch einen Pagen, der Beethoven's

Compositionen sehr liebte, zu bewirken. Was der Brief enthielt, weiß ich nicht, aber mit voller Ueberzeugung versichere ich, daß nie ein Geschenk, ja nie ein Wort des Dankes an den armen Beethoven gelangte. Hierüber beklagte er sich sehr, und dieses hat ihn wohl auch zu dem launigen Ausdrucke in einem seiner Briefe an mich veranlaßt: „der König hätte mir doch „wenigstens ein Schlachtmesser oder eine Schildkröte „verehren können.;" Wahrscheinlich war auch Beethoven bekannt geworden, daß der König viele und leckere Speisen liebte; daher diese Anspielung.

———

Beethoven hatte fast gar nicht gereiset. In seinen jüngeren Jahren, gegen Ende des Jahrhunderts, war er einmal in Presburg und Pesth und einmal in Berlin. Obschon er in seinem Betragen gar keinen Unterschied zwischen den höchsten und hohen Personen und jenen niedrigern Standes machte, so war er doch für die Artigkeiten der Ersteren nicht unempfindlich. In Berlin spielte er einigemal bei Hofe (beim Könige Friedrich Wilhelm II.), wo er auch die zwei Sonaten mit obligatem Violoncello, **Opus 5**, für Duport, (ersten Violoncellisten des Königs), und für sich componirte und spielte. Beim Abschiede erhielt er eine goldene Dose mit Louisd'ors gefüllt. Beethoven erzählte mit Selbstgefühl, daß es keine gewöhnliche Dose gewesen sei, sondern eine der Art, wie sie den Gesandten wohl gegeben werde.

———

Er ging in Berlin viel mit Himmel um, von dem er sagte, er besitze ein ganz artiges Talent, weiter aber nichts; sein Clavierspielen sei elegant und angenehm, allein mit dem Prinzen Louis Ferdinand sei er gar nicht zu vergleichen. Letzterem machte er in seiner Meinung ein großes Compliment, als er ihm einst sagte: er spiele gar nicht königlich oder prinzlich, sondern wie ein tüchtiger Clavierspieler. Mit Himmel hatte er sich folgender Ursache wegen überworfen. Als sie eines Tages zusammen waren, begehrte Himmel, Beethoven möge etwas phantasiren, welches Beethoven auch that. Nachher bestand Beethoven darauf, auch Himmel solle ein Gleiches thun. Dieser war schwach genug, sich hierauf einzulassen. Aber nachdem er schon eine ziemliche Zeit gespielt hatte, sagte Beethoven: „Nun, wann fangen Sie denn einmal ordentlich an?"

Himmel hatte Wunders geglaubt, wie viel er schon geleistet, er sprang also auf und beide wurden gegenseitig unartig.

Beethoven sagte mir: „Ich glaubte, Himmel habe nur so ein bischen präludirt." Sie haben sich zwar nachher ausgesöhnt, allein Himmel konnte verzeihen, doch nie vergessen. Sie waren auch noch einige Zeit in Briefwechsel, bis Himmel gegen Beethoven einen bösen Streich spielte. Letzterer wollte immer Neues von Berlin wissen; dieses langweilte Himmel, der ihm endlich einmal schrieb: Die größte Neuigkeit sei die Erfindung einer Laterne für Blinde. Beethoven lief mit dieser Neuigkeit umher; alle Welt wollte wissen, wie dieß denn eigentlich nur sein könne. Er schrieb deshalb sogleich an Himmel, es sei ungeschickt von ihm, daß er hierüber keine weitere Erklärung geschrieben habe.

Durch die erhaltene, aber nicht mittheilbare Antwort wurde nicht nur alle Correspondenz für immer beendigt, sondern alles Lächerliche, das darin lag, fiel auf Beethoven zurück, da dieser unbesonnen genug war, sie hier und da sehen zu lassen.

———

Als Prinz Louis Ferdinand in Wien war, gab eine alte Gräfinn * eine kleine musikalische Abend-Unterhaltung, zu der natürlich auch Beethoven eingeladen wurde. Als man zum Nachtessen ging, waren an dem Tische des Prinzen nur für hohe Adelige Gedecke bestimmt, also für Beethoven nicht. Er fuhr auf, sagte einige Derbheiten, nahm seinen Hut und ging.

Einige Tage später gab Prinz Louis ein Mittagsessen, wozu ein Theil dieser Gesellschaft, auch die alte Gräfinn geladen war. Als man sich zu Tische setzte, wurde die Gräfinn auf die eine, Beethoven auf die andere Seite des Prinzen gewiesen, eine Auszeichnung, deren er immer mit Vergnügen erwähnte.

———

Etiquette und was dazu gehört, hatte Beethoven nie gekannt, und wollte sie auch nie kennen. So brachte er durch sein Betragen die Umgebung des Erzherzogs Rudolph, als Beethoven anfänglich zu diesem kam, gar oft in große Verlegenheit. Man wollte ihn nun

mit Gewalt belehren, welche Rücksichten er zu beobachten
habe. Dieses war ihm jedoch unerträglich. Er versprach
zwar sich zu bessern, aber — dabei blieb's. Endlich
drängte er sich eines Tages, als man ihn, wie er es
nannte, wieder hofmeisterte, höchst ärgerlich zum Erz-
herzoge, erklärte grade heraus, er habe gewiß alle
mögliche Ehrfurcht für seine Person, allein die strenge
Beobachtung aller Vorschriften, die man ihm täglich
gäbe, sei nicht seine Sache. Der Erzherzog lachte
gutmüthig über den Vorfall und befahl, man solle
Beethoven nur seinen Weg ungestört gehen lassen; er
sei nun einmal so.

Beethoven brauchte viel Geld, obschon er wenig
Gutes oder Ordentliches dafür genoß; denn er lebte
sehr einfach. Als er Leonore componirte, hatte er für
ein Jahr freie Wohnung im Wiedner-Theater; da diese
aber nach dem Hofe zu lag, so behagte sie ihm nicht.
Er miethete sich also zu gleicher Zeit ein Logis im
rothen Haus an der Alsterkaserne, wo auch Stephan
von Breuning wohnte. Als der Sommer kam, nahm
er eine Wohnung in Döbling auf dem Lande; und
in Folge eines Streites mit Stephan von Breuning,
(worauf sich Beethoven's Brief an mich vom 24. Juli
1804 über Breuning's Betragen mit dem Hausmeister,
den Breuning, als Zeugen für seine Angabe, vorführte,
bezieht,) trug er mir auf, ein Logis auf der Bastei
zu suchen. Ich wählte nun auf der Mölker-Bastei
im Pasquilatischen Hause, eine Wohnung im vierten

Stocke, wo eine sehr schöne Aussicht war, und so hatte Beethoven vier Wohnungen zugleich.

Er zog aus letzterer mehrmals aus, kam aber immer wieder dahin zurück, so daß, wie ich später hörte, der Baron Pasquillati gutmüthig genug, wenn Beethoven auszog, sagte: „Das Logis wird nicht vermiethet; Beethoven kömmt schon wieder."

***

Beethoven legte gar keinen Werth auf seine eigenhändig geschriebene Sachen; sie lagen meistens, wenn sie einmal gestochen waren, im Nebenzimmer oder mitten im Zimmer mit anderen Musikstücken auf dem Boden. Ich habe seine Musik oft in Ordnung gebracht; allein, wenn Beethoven etwas suchte, so flog wieder Alles durcheinander. Ich hätte dazumal sämmtliche Compositionen, die schon gestochen waren, in der Original=Handschrift wegnehmen können; auch würde er sie mir, wenn ich ihn darum gebeten hätte, wohl selbst unbedenklich gegeben haben.

***

Beethoven hatte mir sein schönes Concert in **C moll** (**Opus 37,**) noch als Manuscript gegeben, um damit zum ersten Male öffentlich als sein Schüler aufzutreten; auch bin ich der Einzige, der zu Beethoven's Lebzeiten je als solcher auftrat.

Außer mir erkannte er nur noch den Erzherzog Rudolph als Schüler an. (Vergleiche: Seyfried a. a. O. S. 12.) Beethoven selbst dirigirte und drehte nur um und vielleicht wurde nie ein Concert schöner begleitet.

Wir hielten zwei große Proben. Ich hatte Beethoven gebeten, mir eine Cadenz zu componiren, welches er abschlug und mich anwies, selbst eine zu machen, er wolle sie corrigiren. Beethoven war mit meiner Composition sehr zufrieden und änderte wenig; nur war eine äußerst brillante und sehr schwierige Passage darin, die ihm zwar gefiel, zugleich aber zu gewagt schien, weshalb er mir auftrug, eine andere zu setzen. Acht Tage vor der Aufführung wollte er die Cadenz wieder hören. Ich spielte sie und verfehlte die Passage; er hieß mich noch einmal, und zwar etwas unwillig, sie ändern. Ich that es, allein die neue befriedigte mich nicht; ich studirte also die andere auch tüchtig, ohne ihrer jedoch ganz sicher werden zu können. — Bei der Cadenz im öffentlichen Concerte setzte sich Beethoven ruhig hin. Ich konnte es nicht über mich gewinnen, die leichtere zu wählen; als ich nun die schwerere keck anfing, machte Beethoven einen gewaltigen Ruck mit dem Stuhle; sie gelang indessen ganz und Beethoven war so erfreut, daß er laut: bravo! schrie. Dies electrifirte das ganze Publikum und gab mir gleich eine Stellung unter den Künstlern. Nachher, als er mir seine Zufriedenheit darüber äußerte, sagte er zugleich: „Eigensinnig sind Sie aber doch! — Hätten Sie die „Passage verfehlt, so würde ich Ihnen nie eine Lec- „tion mehr gegeben haben."

Beethoven kam eines Tages zu mir, brachte sein viertes Concert in G dur (Opus 58) gleich unter dem Arme mit, und sagte: „Nächsten Sonnabend müssen Sie dieses im Kärnther-Thor-Theater spielen." Es blieben nur fünf Tage Zeit zum Einüben. Zum Unglück bemerkte ich ihm, daß diese Zeit zu kurz sei, um es schön spielen zu lernen; er möchte mir lieber erlauben, das C moll Concert vorzutragen. Darüber wurde Beethoven aufgebracht, drehte sich um und ging gleich zum jungen Stein, den er sonst wenig leiden konnte. Dieser war auch Clavierspieler und zwar ein älterer, als ich. Stein war klug genug, den Vorschlag gleich anzunehmen. Da er aber auch mit dem Concerte nicht fertig werden konnte, so kam er den Tag vor der Aufführung zu Beethoven und begehrte, wie ich es gethan hatte, das andere aus C moll zu spielen. Beethoven mußte wohl nachgeben und willigte also ein.

Allein, lag nun die Schuld am Theater, am Orchester oder am Spieler selbst, genug, es machte keine Wirkung. Beethoven war sehr ärgerlich, besonders, da man ihn von mehreren Seiten fragte: „Warum ließen Sie es nicht von Ries spielen, da „dieser doch so viel Effect damit hervorgebracht hat?" Es machten mir diese Aeußerungen die höchste Freude. Später sagte mir Beethoven: „Ich glaubte, Sie wollten das G dur Concert nicht gern spielen."

Die Clavierstimme des C moll Concerts hat nie vollständig in der Partitur gestanden; Beethoven hatte sie eigens für mich in einzelnen Blättern niedergeschrieben.

8*

In dem Empfehlungsbriefe meines Vaters an Beethoven war mir zu gleicher Zeit ein kleiner Credit bei ihm eröffnet, im Falle ich dessen bedürfte. Ich habe nie bei Beethoven Gebrauch davon gemacht; als er aber einigemal gewahr wurde, daß es mir knapp ging, hat er mir unaufgefordert Geld geschickt, das er jedoch niemals zurücknehmen wollte. Er hatte mich wirklich lieb, und gab mir davon einmal einen sehr komischen Beweis in seiner Zerstreuung. Als ich nämlich aus Schlesien zurückkam, wo ich auf Beethovens Empfehlung längere Zeit auf den Gütern des Fürsten Lichnowsky als Clavierspieler mich aufgehalten hatte, und in sein Zimmer trat, wollte er sich eben rasiren und war bis an die Augen (denn so weit ging sein erschrecklich starker Bart,) eingeseift. Er sprang auf, umarmte mich herzlich und siehe da, er hatte die Schaumseife von seiner linken Wange auf meine rechte so vollständig übertragen, daß er auch nichts daran zurückbehielt. *) Ob wir lachten? Auch mußte Beethoven wohl Privatnotizen von daher über mich haben; denn er kannte mehrere meiner jugendlichen Unbeson-

---

*) **Nil novi sub sole.** »Als er (Lord Lovat) nach London »gebracht wurde, besuchte ihn Hogarth — — und fand ihn »unter den Händen eines Barbiers. Die Freude des Lords, »seinen alten Freund zu sehen, war außerordentlich; er sprang »auf, umarmte Hogarth und ließ natürlich einen großen Theil »der Seife auf dessen Gesicht sitzen.« Lichtenbergs Erklärung 2c. Neunte Lieferung S. 155.

Wglr.

nenheiten, mit denen er mich jedoch nur neckte. Bei vielen Veranlassungen bewies er mir eine wahrhaft väterliche Theilnahme. Aus dieser Quelle entsprang auch die einst (1802) im Unmuthe über eine unangenehme Verwickelung, in welche Carl Beethoven mich gebracht hatte, mir brieflich gegebene Weisung: „Nach Heiligenstadt brauchen Sie nicht zu kommen, indem ich keine Zeit zu verlieren habe." Graf Browne schwelgte nämlich um diese Zeit in Vergnügungen, wovon ich, da dieser Herr mir sehr wohl wollte, viel mitmachte und meine Studien dabei vernachläffigte.

Beethoven sah Frauenzimmer sehr gerne, besonders schöne, jugendliche Gesichter, und gewöhnlich, wenn wir an einem etwas reizenden Mädchen vorbeigingen, drehte er sich um, sah es mit seinem Glase nochmals scharf an und lachte oder grinzte, wenn er sich von mir bemerkt fand. Er war sehr häufig verliebt, aber meistens nur auf kurze Dauer. Da ich ihn einmal mit der Eroberung einer schönen Dame neckte, gestand er, die habe ihn am stärksten und längsten gefesselt — nämlich sieben volle Monate. —

Eines Abends kam ich zu ihm nach Baden, um meine Lectionen fortzusetzen. Dort fand ich eine schöne, junge Dame bei ihm auf dem Sopha sitzen. Da es mir schien, als käme ich ungelegen, so wollte ich gleich mich entfernen, allein Beethoven hielt mich zurück und sagte:

„Spielen Sie nur einstweilen!"

Er und die Dame blieben hinter mir sitzen. Ich hatte schon sehr lange gespielt, als Beethoven auf einmal rief:

„Ries! spielen Sie etwas Verliebtes!" Kurz nachher: „etwas Melancholisches!" Dann: „etwas Leidenschaftliches!" u. s. w. — —

Aus dem, was ich hörte, konnte ich schließen, daß er wohl die Dame in etwas beleidigt haben müsse und es nun durch Launen gut machen wolle. Endlich sprang er auf und schrie: „Das sind ja lauter Sachen von mir!" Ich hatte nämlich immer Sätze aus seinen eigenen Werken nur durch einige kurze Uebergänge an einander gereiht, vorgetragen, was ihm aber Freude gemacht zu haben schien. Die Dame ging alsbald fort, und Beethoven wußte zu meinem großen Erstaunen nicht, wer sie war. Ich hörte nun, daß sie kurz vor mir hereingekommen sei, um Beethoven kennen zu lernen. Wir folgten ihr bald nach, um ihre Wohnung, und dadurch später ihren Stand zu erforschen. Von Weiten sahen wir sie noch (es war mondhell), allein plötzlich war sie verschwunden. Wir spazierten nachher unter mannigfaltigen Gesprächen wohl noch anderthalb Stunden in dem angrenzenden schönen Thal. Beim Weggehen sagte Beethoven jedoch: „Ich muß herausfinden, wer sie ist, und Sie müssen helfen." Lange Zeit nachher begegnete ich ihr in Wien und entdeckte nun, daß es die Geliebte eines ausländischen Prinzen war. Ich theilte meine Nachricht Beethoven mit, habe aber nie, weder von ihm, noch von sonst jemand etwas Weiteres über sie gehört.

Beethoven besuchte mich nie öfter, als da ich in dem Hause eines Schneiders wohnte, wo drei sehr schöne, aber durchaus unbescholtene Töchter waren. Hierauf bezieht sich auch der Schluß des Briefes vom 24. Juli 1804, wo es heißt: „Schneidern Sie nicht zu viel, empfehlen Sie mich der Schönsten der Schönen, schicken Sie mir ein halb Dutzend Nähnadeln!"

Beethoven hat in Wien noch Unterricht auf der Violine bei Krumpholz genommen, und im Anfang, als ich da war,*) haben wir noch manchmal seine Sonaten mit Violine zusammen gespielt. Das war aber wirklich eine schreckliche Musik; denn in seinem begeisterten Eifer hörte er nicht, wenn er eine Passage falsch in die Applicatur einsetzte.

Beethoven war in seinem Benehmen sehr linkisch und unbeholfen; seinen ungeschickten Bewegungen fehlte alle Anmuth. Er nahm selten etwas in die Hand, das nicht fiel oder zerbrach. So warf er mehrmals sein Tintenfaß in das neben dem Schreibpult stehende Clavier. Kein Möbel war bei ihm sicher, am wenigsten ein kostbares; Alles wurde umgeworfen, beschmutzt und zerstört. Wie er es so weit brachte, sich selbst rasiren

---

*) Also noch bei eingetretener Abnahme seines Gehörs!

Wglr.

zu·können, bleibt schwer zu begreifen, wenn man auch
die häufigen Schnitte auf seinen Wangen dabei nicht
in Betracht zog. — Nach dem Takte tanzen konnte er
nie lernen.

———

Beethovens Violin-Quintett (Opus 29) in C dur,
war an einen Verleger nach Leipzig verkauft worden,
wurde aber in Wien gestohlen, und erschien plötzlich
bei A. und Comp. Da es in einer Nacht abgeschrieben
worden war, so fanden sich unzählige Fehler darin;
es fehlten sogar ganze Takte. Beethoven benahm sich
hierbei auf eine feine Art, von der man nach einem
zweiten Beispiel sich vergebens umsieht. Er begehrte
nämlich, A. sollte die fünfzig bereits gedruckten Exem-
plare mir nach Haus zum Verbessern schicken, gab
mir aber zugleich den Auftrag, so grob mit Tinte auf
das schlechte Papier zu corrigiren und mehrere Linien
so zu durchstreichen, daß es unmöglich sei, ein Exemplar zu gebrauchen, oder zu verkaufen. Dieses Durchstreichen betraf vorzüglich das Scherzo. Seinen Auftrag befolgte ich treu und A. mußte, um einem Pro-
zesse vorzubeugen, die Platten einschmelzen.

———

Beethoven war in vielen Sachen sehr vergeßlich.
Einst hatte er für die Dedication der Variationen in
A dur Nr. 5, über ein Russisches Lied, vom Grafen
Browne ein schönes Reitpferd zum Geschenk erhalten;
er ritt es einigemal, vergaß es aber bald darauf, und,
was schlimmer war, auch dessen Futter. Sein Bedienter,

der dieses gar bald merkte, fing an, das Pferd für
Geld, zu seinem eigenen Vortheile, auszuleihen und
übergab, um Beethoven nicht aufmerksam zu machen,
lange keine Futter=Rechnung. Endlich aber ward zu
Beethoven's größtem Erstaunen, eine gar große einge=
reicht, welche ihm plötzlich sein Pferd und zugleich seine
Nachlässigkeit in's Gedächtniß zurückrief.

———————

Bei der kurzen Beschießung Wien's durch die Fran=
zosen im Jahre 1809 war Beethoven sehr ängstlich;
er brachte die meiste Zeit in einem Keller bei seinem
Bruder Caspar zu, wo er noch den Kopf mit Kissen
bedeckte, um ja nicht die Kanonen zu hören. *)

———————

Beethoven war manchmal äußerst heftig. Eines
Tages aßen wir im Gasthaus zum Schwanen zu Mit=
tag; der Kellner brachte ihm eine unrechte Schüssel.
Kaum hatte Beethoven darüber einige Worte gesagt,
die der Kellner eben nicht bescheiden erwiederte, als er
die Schüssel (es war ein sogenanntes Lungenbratel
mit reichlicher Brühe,) ergriff, und sie dem Kellner
an den Kopf warf. Der arme Mensch hatte noch
eine große Zahl Portionen verschiedener Speisen auf
seinem Arm (eine Geschicklichkeit, welche die Wiener=
Kellner in einem hohen Grade besitzen,) und konnte
sich daher nicht helfen; die Brühe lief ihm das Gesicht
herunter. Er und Beethoven schrieen und schimpften,

———————

*) Konnte nicht auch der Kanonen=Donner schmerzhaft auf sein
krankes Gehör=Organ wirken? Wglr.

während alle anderen Gäste laut auflachten. Endlich brach auch Beethoven beim Anblick des Kellners los, da dieser die über das Gesicht triefende Sauce mit der Zunge ausleckte, schimpfen wollte, doch lecken mußte und dabei die lächerlichsten Gesichter schnitt. Ein eines Hogarth würdiges Bild.

Beethoven kannte beinahe das Geld nicht, wodurch öfters unangenehme Auftritte entstanden, weil er, überhaupt mißtrauisch, häufig sich betrogen glaubte, wo es nicht der Fall war. Schnell aufgeregt nannte er die Leute geradezu Betrüger, welches bei den Kellnern oft durch ein Trinkgeld gut gemacht werden mußte. Endlich kannte man in den von ihm am meisten besuchten Gasthäusern seine Sonderbarkeiten und Zerstreuungen so, daß man ihm Alles hingehen ließ, sogar, wenn er ohne Bezahlung sich entfernte.

Beethoven erinnerte sich seiner frühern Jugend und seiner Bonner Freunde mit vieler Freude, obschon es im Grunde bedrängte Zeiten für ihn gewesen waren. Von seiner Mutter besonders sprach er mit Liebe und Gemüthlichkeit, nannte sie öfters eine brave, eine herzensgute Frau. — Von seinem Vater, der am meisten am häuslichen Unglücke schuld war, sprach er wenig und ungern, allein ein hartes Wort, das ein Dritter über ihn fallen ließ, brachte ihn auf. Ueberhaupt war er ein herzensguter Mensch, dem nur seine Laune und seine Heftigkeit gegen Andere oft böse Streiche spielten. Er würde Jedem, welche Beleidigung oder welches Unrecht er von ihm auch immer erfahren, auf der Stelle vergeben haben, hätte er ihn im Unglücke angetroffen.

————

Beethoven hielt eine sonderbare Idee fest von regel-mäßigen Geschäften. So hatte er mir aufgetragen, seine Solo-Sonaten (Opus 110 — 111) und 33 Varia-tionen über einen Walzer, (Opus 120) die er mir baldigst zuschicken würde, in London zu verkaufen. Schon war ich mit Herrn Clementi und Comp. über die Sonaten und mit Boosey, Musikverleger, über das Honorar für die Variationen einig, aber die Werke wurden noch immer erwartet. Endlich kamen sie an und mit Ueberraschung sah ich, daß Beethoven die Variationen mit sehr großen, von seiner Hand auf das Titelblatt gleichsam gemalten Buchstaben mei-ner Frau gewidmet hatte. Aber diese Dedication findet sich auch nur auf diesem einzigen, mir noch vor-liegenden Exemplar. Denn Beethoven hatte das Ab-schicken so lange verschoben, und seinen Auftrag so ganz vergessen, daß, als ich Boosey die Variationen brachte, wir nicht nur diese und zwar mit der Zueig-nung an Madame Brentano, schon in Wien, sondern auch die Sonate in Paris bereits gestochen fanden! —

————

Beethoven hatte einige unbedeutende Stücke (Baga-tellen zweite Sammlung,) wovon manche besser gar nicht gestochen wären, dazugelegt; ich verkaufte diese auf der Stelle für 25 Guineen; — schrieb an Beet-

hoven, wie es mir mit Allem gegangen und erhielt
eine Antwort, worin er mir Nachläffigkeit zur Laft
legte. Ueber die doppelte Dedication entschuldigte er
sich. Höchst sonderbar machte er es hiebei zu einer
ausdrücklichen Bedingung: „ich dürfe nie an ein
Geschenk oder eine Erkenntlichkeit dafür
denken!" Eine auffallendere Wendung und einen
grelleren Widerspruch hätte man doch nicht leicht
finden können!

Ueber Beethoven's Nachlaß an Manuscripten habe
ich sehr große Zweifel. Die Oeuvres posthumes
werde ich dann nur als ächt erkennen, wenn ich seine
eigene Handschrift oder Beglaubigung sehe.

Meine Gründe sind folgende:

Erstens. Als ich bei ihm war, vom Jahr 1800
bis 1805 im November und 1809, als ich nach Wien
zurückkam, war kein Manuscript vorräthig; denn Beethoven war immer bis an seinen Tod mit bestellten
Arbeiten zurück.

Zweitens. Alle Kleinigkeiten und manche Sachen,
die er nie herausgeben wollte, weil er sie nicht seines
Namens würdig hielt, kamen durch seine Brüder
heimlich in die Welt. So wurden Lieder, die er
jahrelang vor seiner Abreise nach Wien noch in Bonn
componirt hatte, dann erst bekannt, als er schon auf
einer hohen Stufe des Ruhmes stand. So wurden
sogar kleine Compositionen, die er in Stammbücher
geschrieben hatte, in dieser Art entwendet und gestochen.

Drittens. Da fast alle Briefe, die ich von ihm in England erhielt, von Geldverlegenheit handeln, — warum sollte er mir nicht gleich Manuscripte geschickt haben, hätte er deren gehabt?

Ja selbst, als ich nach vieler Mühe bei der philharmonischen Gesellschaft in London es dahin gebracht hatte, daß ich drei Ouverturen bei ihm für diese bestellen konnte, die ihr Eigenthum bleiben sollten, schickte er mir drei, wovon wir, bei Beethoven's großem Namen und in diesen Concerten auch nicht eine aufführen konnten, weil Alles gespannt war und man von Beethoven nichts Gewöhnliches forderte. Er ließ alle drei einige Jahre nachher stechen und die Gesellschaft fand es nicht der Mühe werth, sich darüber zu beklagen. Die Ouverture zu den Ruinen von Athen war dabei, die ich seiner unwürdig halte.

Hätte Beethoven etwas Besseres in Manuscripten gehabt, er hätte es sicherlich dieser Gesellschaft geschickt; das leuchtet als gewiß aus allen seinen Briefen hervor. Da er nun auch öfters äußerte: er könne allein von seiner Feder leben, so kann ich mich von der Aechtheit der drei Clavier-Quartette, welche nach seinem Tode bei Artaria herauskamen, schlechterdings nicht überzeugen.

Beethoven konnte sein Riesenwerk, die drei Sonaten (Opus 2), die er Haydn dedicirte, und die gleich so großes Aufsehen in der Welt erregten, nicht aus alten Themas zusammengestoppelt haben, eben so wenig aber auch in spätern Jahren diese Themas zu leeren, schlecht geschriebenen Quartetten verbrauchen; denn sein Geist hat ja bis zu seinem Tode unaufhörlich Neues hervorgebracht.

Ohne daß ich einem todten oder lebenden Componisten zu nahe treten will, muß ich doch bei der Behauptung bleiben: einen Reichthum und eine Mannigfaltigkeit an Ideen und eine Originalität, wie solche in Beethovens Werken angetroffen werden, hat k e i n e r sonst b e s e s s e n. Obschon mir Beethoven als Freund und Lehrer über alle andern ging und geht, so war ich doch bekanntlich keiner derjenigen, die nur E i n e n, höchstens z w e i musikalische Abgötter haben, und Alles, was nicht von diesen ist, im Voraus schon als mittelmäßig, wo nicht als schlecht verurtheilen. Eine solche Einseitigkeit war in mir nie, und wird niemals mein Fehler werden.

Es folgen nun mehrere Briefe Beethoven's, alle g a n z und nur E i n e r zum T h e i l von seiner Hand geschrieben. Ein großer Theil derselben ist geeignet, Dasjenige näher zu beweisen, ausführlicher darzustellen und zu ergänzen, was früher schon angeführt wurde.

Ein kleiner Theil des Folgenden besteht aus Billeten, meistens ohne nähere Angabe des Datums, wodurch er mir, als seinem Schüler, Aufträge gab. Dann kommen spätere Briefe bis zum Jahr 1825. Während meiner Reisen durch Nieder-Deutschland, Rußland, Schweden, Dänemark, hörte ich nur selten etwas unmittelbar von ihm, desto mehr aber, als ich mich in England häuslich niedergelassen hatte. Doch das Weitere mag aus den Briefen selbst hervorgehen.

Einige über gewisse Personen auf's bestimmteste, jedoch nicht zu ihrem Lobe, sich aussprechende Briefe Beethoven's halte ich, wenigstens einstweilen, und wie ich zu deren Besten hoffe, auch auf immer zurück. Warum sollte man mich auch durch böswilliges Necken und Handeln zum Gegentheil zwingen wollen? *)

(Ohne Ort und ohne Tag.)
(Wien, wahrscheinlich 1801.)

Hier, lieber Ries! nehmen Sie gleich die vier von mir corrigirten Stimmen, und sehen Sie die anderen abgeschriebenen darnach durch. — — — —

— — — — Hier der Brief an Gr. Browne; es steht darin, daß er Ihnen die 50 ♯ (Dukaten) vorausgeben muß, weil Sie sich equipiren müssen. Das ist eine Nothwendigkeit, die ihn nicht beleidigen kann; denn, nachdem das geschehen, sollen Sie künftige Woche schon am Montag mit ihm nach Baden gehen. Vorwürfe muß ich Ihnen denn doch machen, daß Sie sich nicht schon lange an mich gewendet; bin ich nicht Ihr

---

*) Auch ich, vielleicht reizbarer nach dem Tode meines Freundes als er bei seinem Leben war, möchte in obigem Sinne warnen, da mir der Gegenstand so wie der Inhalt der fraglichen Briefe ganz wohl bekannt ist.

Wglr.

wahrer Freund? Warum verbergen Sie mir Ihre Noth? Keiner meiner Freunde darf darben, so lange ich etwas hab'; ich hätte Ihnen schon eine kleine Summe geschickt, wenn ich nicht auf Browne hoffte; geschieht das nicht, so wenden Sie sich gleich an Ihren Freund

Beethoven.

(1803.)

Daß ich da bin, werden Sie wohl wissen. Gehen Sie zu Stein und hören Sie, ob er mir nicht ein Instrument hierher geben kann — für Geld. Ich fürchte, meines hierher tragen zu lassen. Kommen Sie diesen Abend gegen 7 Uhr heraus. Meine Wohnung ist in Oberdöbling Nr. 4. (1) die Straße links, wo man den Berg hinunter nach Heiligenstadt geht.

(1) Ein Dorf bei Wien.

(Wahrscheinlich 1804.)

Lieber Ries! Ich bitte Sie, erzeigen Sie mir die Gefälligkeit, dieses Andante, (1) wenn auch nur schlecht, abzuschreiben. Ich muß es morgen fortschicken, und — da der Himmel weiß, was allenfalls damit vorgehen kann, so wünschte ich's abgeschrieben. Doch muß ich's morgen gegen 1 Uhr zurück haben. Die Ursache, warum ich Sie damit beschwere, ist, weil ein Copist schon mit anderen, wichtigen Sachen beschäftiget, und der andere krank ist.

(1) Es war, wenn mein Gedächtniß mich nicht trügt, das große Andante mit Variationen aus der Kreuzer'schen Sonate mit Violin, **Opus 47.**

Baden, am 14. Juli 1804.

Wenn Sie, lieber Ries! ein besseres Quartier zu finden wissen, so ist es mir sehr lieb. — Ich wünsche sehr, eines auf einem großen stillen Platze oder auf der Bastei zu haben.*) — — — Ich werde Sorge tragen, bis Mittwoch in der Probe zu sein. Daß sie bei Schuppanzigh ist, ist mir nicht recht. Er könnte mir Dank wissen, wenn ihn meine Kränkungen magerer machten. Leben Sie wohl, lieber Ries! Wir haben schlechtes Wetter und ich bin vor den Menschen hier nicht sicher; ich muß mich flüchten, um einsam sein zu können.

(Wien, wahrscheinlich im Anfange Juli 1804.)

Lieber Ries! Da Breuning keinen Anstand genommen hat, Ihnen und dem Hausmeister durch sein Benehmen meinen Charakter vorzustellen, wo ich als ein elender, armseliger, kleinlicher Mensch erscheine, so suche ich Sie dazu aus, erstens meine Antwort Breu-

---

*) Bestätigung meiner Aeußerung in der Note 6 zum Briefe vom 2. November 1793. Wglr.

ning mündlich zu überbringen, nur auf einen und den
ersten Punkt seines Briefes, welchen ich nur deswegen
beantworte, weil dieses meinen Charakter nur bei Ihnen
rechtfertigen soll. — Sagen Sie ihm also, daß ich
gar nicht daran gedacht, ihm Vorwürfe zu machen,
wegen der Verspätung des Aufsagens, und daß, wenn
wirklich Breuning Schuld daran gewesen sei, mir jedes
harmonische Verhältniß in der Welt viel zu theuer und
lieb sei, als daß um einige Hundert und noch mehr,
ich einem meiner Freunde Kränkungen zufügen würde.
Sie selbst wissen, daß ich Ihnen ganz scherzhaft vor-
geworfen habe, daß Sie Schuld daran wären, daß die
Aufsagung durch Sie zu spät gekommen sei. Ich weiß
gewiß, daß Sie sich dessen erinnern werden; bei mir
war die ganze Sache vergessen. Nun fing mein Bruder bei Tische an und sagte, daß er Breuning Schuld
glaube an der Sache; ich verneinte es auf der Stelle
und sagte, daß Sie daran Schuld wären. Ich meine,
das war doch deutlich genug, daß ich Breuning nicht
die Schuld beimesse. Breuning sprang darauf auf, wie
ein Wüthender, und sagte, daß er den Hausmeister
herauf rufen wollte. Dieses für mich ungewohnte
Betragen vor allen Menschen, womit ich nur immer
umgehe, brachte mich aus meiner Fassung; ich sprang
ebenfalls auf, warf meinen Stuhl nieder, ging fort,
und kam nicht mehr wieder. Dieses Betragen nun
bewog Breuning, mich bei Ihnen und dem Hausmeister in ein so schönes Licht zu setzen und mir ebenfalls
einen Brief zu schicken, den ich übrigens nur mit Still-

schweigen beantwortete. — Breuning habe ich gar nichts
mehr zu sagen. Seine Denkungsart und Handlungsart
in Rücksicht meiner beweiset, daß zwischen uns nie ein
freundschaftliches Verhältniß Statt hätte finden sollen
und auch gewiß nicht ferner Statt finden wird. Hiermit habe ich Sie bekannt machen wollen, da Ihr
Zeugniß meine ganze Denkungs- und Handlungs-Art
erniedrigt hat. Ich weiß, wenn Sie die Sache so
gekannt hätten, Sie es gewiß nicht gethan hätten
und damit bin ich zufrieden. (1)

Jetzt bitte ich Sie, lieber Ries! gleich nach Empfang dieses Briefes zu meinem Bruder, dem Apothe-
ker, zu gehen und ihm zu sagen, daß ich in einigen
Tagen schon Baden verlasse, und daß er das Quartier
in Döbling, gleich nachdem Sie es ihm angekündiget,
miethen soll. Fast wäre ich schon heute gekommen;
es ekelt mich hier; ich bin's müde. Treiben Sie um's
Himmelswillen, daß er es gleich miethet, weil ich gleich
allda hausen will. Sagen Sie und zeigen Sie von
dem auf der anderen Seite geschriebenen Briefe nichts;
ich will ihm von jeder Seite zeigen, daß ich nicht so
kleinlich denke, wie er, und habe ihm erst nach diesem Briefe geschrieben, obschon der Entschluß zur Auf-
lösung unserer Freundschaft fest ist und bleibt..

Ihr Freund

Beethoven.

(1) Die erste Veranlassung zu dem in diesem Briefe
    erwähnten Streite hängt wohl mit einer von

Breuning verzögerten oder unterlaſſenen Auffün-
digung einer von Beethoven's Wohnungen (denn
er wohnte zu dieſer Zeit im Theatergebäude auf
der Wieden,) zuſammen. Breuning, ein Hiß-
kopf wie Beethoven, war durch deſſen Benehmen,
wie Beethoven ſelbſt ſolches hier ſchildert, ſo ent-
rüſtet, weil es in Gegenwart von deſſen Bruder
ſtattfand. — Der nachfolgende Brief iſt die Fort-
ſetzung des hier vorliegenden. Nach einigen Monaten trafen ſich beide zufällig, und nun fand
völlige Ausſöhnung Statt, und jeder feindſelige
Vorſatz Beethovens, wie kräftig er auch in den
beiden Briefen ausgeſprochen wird, war gänzlich
vergeſſen. Mehrere Beweiſe kommen ſowohl in
den Briefen Beethoven's, als auch in den von
Breuning geſchriebenen vor. Beethoven widmete
ihm ein Werk (**Opus 61**) und ernannte ihn
zum Mitvormunde ſeines Neffen. Uebrigens ſind
dieſe beiden Briefe mit ihren Folgen und vorzüglich der folgende eine zu ſchöne Urkunde über
Beethoven's Charakter, als daß ſie hier nicht
vorkommen ſollten.

———

Baden, den 24. Juli 1804.

— — — Mit der Sache von Breuning werden
Sie ſich wohl gewundert haben; glauben Sie mir,

Lieber! daß mein Aufbrausen nur ein Ausbruch von manchen unangenehmen vorhergegangenen Zufällen mit ihm gewesen ist. Ich habe die Gabe, daß ich über eine Menge Sachen meine Empfindlichkeit verbergen und zurückhalten kann; werde ich aber auch einmal gereizt zu einer Zeit, wo ich empfänglicher für den Zorn bin, so platze ich auch stärker aus, als jeder Andere. Breuning hat gewiß vortreffliche Eigenschaften, aber er glaubt sich von allen Fehlern frei, und hat meistens die am stärksten, welche er an andern Menschen zu finden glaubt. Er hat einen Geist der Kleinlichkeit, den ich von Kindheit an verachtet habe. Meine Beurtheilungskraft hat mir fast vorher den Gang mit Breuning prophezeit, indem unsere Denkungs-, Handlungs- und Empfindungs-Weise zu verschieden ist, doch habe ich geglaubt, daß sich auch diese Schwierigkeiten überwinden ließen; — die Erfahrung hat mich widerlegt. Und nun auch keine Freundschaft mehr! Ich habe nur zwei Freunde in der Welt gefunden, mit denen ich auch nie in ein Mißverhältniß gekommen, aber welche Menschen! Der eine ist todt, der andere lebt noch. Obschon wir fast sechs Jahre hindurch keiner von dem andern etwas wissen, so weiß ich doch, daß in seinem Herzen ich die erste Stelle, so wie er in dem meinigen einnimmt. Der Grund der Freundschaft heischt die größte Aehnlichkeit der Seelen und Herzen der Menschen. Ich wünsche nichts, als daß Sie meinen Brief läsen, den ich an Breuning geschrieben habe und den seinigen an mich.

Nein, nie mehr wird er in meinem Herzen den Platz behaupten, den er hatte. Wer seinem Freunde eine so niedrige Denkungsart beimessen kann, und sich ebenfalls eine solche niedrige Handlungsart wider denselben erlauben, der ist nicht werth der Freundschaft von mir. — Vergessen Sie nicht die Angelegenheit meines Quartiers. Leben Sie wohl; schneidern Sie nicht zu viel, empfehlen Sie mich der Schönsten der Schönen; schicken Sie mir ein halbes Dutzend Nähnadeln. — Ich hätte mein Leben nicht geglaubt, daß ich so faul sein könnte, wie ich hier bin. Wenn darauf ein Ausbruch des Fleißes folgt, so kann wirklich was Rechtes zu Stande kommen.

Vale.   Beethoven.

(Ohne Datum. Geschrieben einige Tage vor
dem Einzuge der Franzosen 1805.)

Verzeihen Sie, Durchlauchtigste Fürstinn! wenn Sie durch den Ueberbringer dieses vielleicht in ein unangenehmes Erstaunen gerathen. Der arme Ries, mein Schüler, muß in diesem unglückseligen Kriege die Muskete auf die Schulter nehmen (1), und — muß zugleich schon als Fremder in einigen Tagen von hier fort. — Er hat nichts, gar nichts, muß eine weite Reise machen. Die Gelegenheit zu einer Akademie ist ihm unter diesen Umständen gänzlich abgeschnitten. — Er muß seine Zuflucht zur Wohlthätigkeit nehmen. Ich empfehle Ihnen denselben. Ich weiß es, Sie verzeihen mir diesen Schritt. Nur in der äußersten Noth kann ein edler Mensch zu solchen Mitteln seine Zuflucht nehmen.

In dieser Zuversicht schicke ich Ihnen den Armen, um nur seine Umstände in etwas zu erleichtern; er muß zu Allen, die ihn kennen, seine Zuflucht nehmen.

Mit der tiefsten Ehrfurcht

L. van Beethoven. (2)

(Adresse) **Pour Madame la Princesse Liechtenstein etc.**

(1) Auf dem linken Rheinufer geboren, wurde ich durch ein französisches Gesetz als Conscriptions-Verpflichteter zurückberufen.

(2) Der Brief wurde (was Beethovens höchsten Zorn erregte) nicht abgegeben, doch verwahrte ich das auf ein kleines, ungleich beschnittenes Quartblättchen geschriebene Original als einen Beweis von Beethovens Freundschaft und Liebe für mich.

———

(1809.)

Ihre Freunde, mein Lieber! haben Ihnen auf jeden Fall schlecht gerathen. Ich kenne diese aber schon; — es sind die nämlichen, denen Sie auch die schönen Nachrichten über mich aus Paris geschickt, (1) die nämlichen, die sich um mein Alter erkundigt, wovon Sie so gute Kunde zu geben gewußt, (2) die näm lichen, die Ihnen bei mir schon manchmal, jetzt aber auf immer geschadet haben.

(3) Leben Sie wohl.

Beethoven.

(1) Der ersten Veranlassung zu diesem Billet erinnere ich mich nicht. Aus Paris hatte ich geschrieben, daß der Geschmack an Musik daselbst nur ein schlechter sei und man Beethoven's Werke dort wenig kenne und spiele.

(2) Einige Freunde Beethoven's wünschten Gewißheit über seinen Geburtstag zu haben. Mit vieler Mühe suchte ich, als ich 1806 in Bonn war, seinen Taufact, den ich endlich auch fand und nach Wien schickte. Von seinem Alter wollte er nie sprechen.

(3) Sein Groll ging gar bald vorüber und die alte Freundschaft trat wieder ein.

Mittwoch am 22. November. Wien 1815.

Lieber Ries! Ich eile Ihnen zu schreiben, daß ich heute den Clavier-Auszug der Sinfonie in **A** auf die Post an das Haus Thomas Couts & Comp. abgeschickt habe. Da der Hof nicht hier ist, gehen beinahe gar keine oder selten Couriere, auch ist dies überhaupt der sicherste Weg. Die Sinfonie müßte gegen März herauskommen, den Tag werde ich bestimmen. Es ist diesmal zu lange zugegangen, als daß ich den Termin kürzer bestimmen könnte. — Mit dem Trio in der Sonate für Violin kann es mehr Zeit haben, und beides wird in einigen Wochen auch in London sein. — Ich bitte Sie recht sehr, lieber Ries! sich dieser Sachen anzunehmen, auch damit ich das Geld erhalte; es kostet viel, ehe alles hinkömmt; ich brauche es.

Ich habe 600 Florin an meinem Gehalte jährlich eingebüßt; zu Zeiten der B. Z. (Bancozettel) war es gar nichts; — dann kamen die Einlösungsf. (scheine) und hierbei verlor ich diese 600 Florin. Mit mehreren Jahren Verdruß und gänzlichem Verlust des Gehaltes — nun sind wir auf dem Puncte, daß die E. s. (Einlösungsscheine) schlechter, als jemals die B. Z. (Bancozettel) waren; ich bezahle 1000 Florin Hauszins; machen Sie sich einen Begriff von dem Elende, welches das Papiergeld hervorbringt. Mein armer, unglücklicher Bruder (Carl) ist eben gestorben; er hate ein schlechtes Weib; ich kann sagen, er hatte einige Jahre die Lungensucht, und um ihm das Leben leichter zu machen, kann ich wohl das, was ich gegeben, auf 10,000 Florin W. W. (Wiener Währung) anschlagen. Das ist nun freilich für einen Engländer nichts, aber für einen armen Deutschen oder vielmehr Oestreicher sehr viel. Der Arme hatte sich in seinen letzten Jahren sehr geändert, und ich kann sagen, ich bedauere ihn von Herzen, und mich freuet es nunmehr, mir selbst sagen zu können, daß ich mir in Rücksicht seiner Erhaltung nichts zu Schulden kommen ließ. — Sagen Sie dem Herrn Birchall,

daß er Herrn **Salomon** und Ihnen das Briefporto,
welches Ihre Briefe an mich und die meinigen an Sie
kosten, vergüte; derselbe kann mir es abziehen an der
Summe, die er mir zu bezahlen hat; ich habe gern,
daß diejenigen, welche für mich wirken, so wenig als
möglich leiden.

**Wellington's Sieg in der Schlacht bei
Vittoria** (1) muß längst angekommen sein bei Th.
Couts & Comp. Hr. Birchall braucht nicht eher das
Honorar zu bezahlen, bis er alle Werke hat. Eilen
Sie nur, daß ich die Bestimmung des Tages, wann
Hr. Birchall den Clavier-Auszug herausgibt, erhalte.
Für heute nur noch die wärmste Anempfehlung mei-
ner Angelegenheiten; ich stehe Ihnen, in was nur
immer, zu Diensten. Leben Sie herzlich wohl, lie-
ber Ries!

Ihr Freund   **Beethoven.**

(1) Dies ist zugleich der Titel auf dem Clavier-Aus-
zuge. (Eigene Note Beethovens.)

Wien den 20. Januar 1816.

Mein lieber Ries! — — — — — — Die
Symphonie wird der Kaiserinn von Rußland gewidmet.
Der Clavier-Auszug der Symphonie in **A** darf aber
nicht eher, als im Monat Juni, herauskommen, eher
kann der hiesige Verleger nicht. Kündigen Sie dieses,
lieber, guter Ries, sogleich Hrn. Birchall an. — Die

Sonate mit Violin, welche mit nächstem Posttage hier abgehen wird, kann ebenfalls im Monat Mai in London herausgegeben werden. Das Trio aber später. (Es kommt auch mit der nächsten Post an.) Die Zeit werde ich noch selbst hierüber bestimmen.

Und nun meinen herzlichen Dank, lieber Ries, für Alles, was Sie mir Gutes erweisen, und insbesondere noch der Correcturen wegen. Der Himmel segne Sie und mache Ihre Fortschritte immer größer, woran ich den herzlichsten Antheil nehme. Empfehlen Sie mich Ihrer Frau!

Wie allezeit. Ihr aufrichtiger Freund

Ludwig van Beethoven.

———

28. Februar 1816.

— — Ich war mehrere Zeit hindurch nicht wohl; der Tod meines Bruders wirkte auf mein Gemüth und auf meine Werke.

Salomon's Tod schmerzt mich sehr, da er ein edler Mensch war, dessen ich mich von meiner Kindheit erinnere. Sie sind Testaments-Executor geworden, und ich zu gleicher Zeit Vormund des Kindes meines armen verstorbenen Bruders. Schwerlich werden Sie so viel Verdruß, als ich, bei diesem Tode gehabt haben; doch habe ich den süßen Trost, ein armes unschuldiges Kind aus den Händen einer unwürdigen Mutter gerettet zu haben.

Leben Sie wohl, lieber Ries! Wo ich Ihnen hier in etwas dienen kann, betrachten Sie mich ganz als Ihren wahren Freund

Beethoven.

———

Wien den 8. März 1816.

Meine Antwort kömmt etwas spät; — allein ich war krank und hatte viel zu thun. — — — — Von den 10 ♯ (Ducaten) in Gold ist bis jetzt noch kein Heller angekommen, und ich fange schon an zu glauben, daß auch die Engländer nur im Auslande großmüthig sind; so auch mit dem Prinz-Regenten, von dem ich für meine überschickte Schlacht nicht einmal die Copiatur-Kosten erhalten, ja nicht einmal einen schriftlichen oder mündlichen Dank. — — Mein Gehalt beträgt 3400 Florin in Papier, 1100 Hauszins bezahle ich, mein Bedienter mit seiner Frau 900 Fl., rechnen Sie, was also noch bleibt. Dabei habe ich meinen kleinen Neffen ganz zu versorgen; bis jetzt ist er im Institute; dies kostet bis 1100 Fl. und ist dabei doch schlecht, so daß ich eine ordentliche Haushaltung einrichten muß, um ihn zu mir zu nehmen. Wie viel man verdienen muß, um hier nur leben zu können; und doch nimmt's nie ein Ende, denn — denn — denn — Sie wissen es schon.

Einige Bestellungen, außer einer Akademie, würden mir auch willkommen sein von der philharmonischen Gesellschaft.

Uebrigens sollte sich mein lieber Schüler Ries hin-
setzen und mir was Tüchtiges bediciren; worauf denn
der Meister auch antworten wird und Gleiches mit
Gleichem vergelten. (1) Wie soll ich Ihnen mein
Portrait schicken? — — — — Alles Schöne an
Ihre Frau; leider habe ich keine; ich fand nur Eine,
die ich wohl nie besitzen werde; bin aber deswegen kein
Weiberfeind. (2)

Ihr wahrer Freund

Beethoven.

(1) Vergleiche die Note 1. zu Beethovens Briefe vom
2. Mai 1810.

(2) Vergleiche die Note 4. zu Beethovens Briefe vom
16. November 1801.

———

Wien am 3. April 1816.

— — Neate muß nun wohl in London sein; ich habe
ihm mehrere Compositionen von mir mitgegeben; und
er hat mir die beste Verwendung davon für mich versprochen. — — Erzherzog Rudolph spielt auch Ihre
Werke mit mir, mein lieber Ries! wovon mir *il sogno*
besonders wohl gefallen hat. Leben Sie wohl, empfehlen Sie mich Ihrer lieben Frau, so wie allen
schönen Engländerinnen, die es freuen kann — von mir.

Ihr wahrer Freund

Beethoven.

Wien den 11. Juni 1816.

Mein lieber Ries!

Mir ist es leid, daß Sie durch mich wieder einiges Postgeld ausgeben müssen; so gern ich allen Menschen helfe und diene, so wehe thut es mir, andere meinetwegen in Anspruch nehmen zu müssen. Von den 10 ♯ (Dukaten) ist bis heran nichts erschienen, und es ist also das Resultat daraus zu ziehen, daß es in England, wie bei uns, Windbeutel und nicht worthaltende Menschen gibt. — Ich lege Ihnen hierbei nichts zur Last. — — Da ich von Neate auch keine Sylbe erhalten habe, so bitte ich Sie nur, ihm zu sagen, ob er schon das Concert in F-moll angebracht habe. Von allen übrigen Werken, die ich ihm mitgegeben, schäme ich mich beinahe zu reden, und zwar vor mir selbst, daß ich wieder so zutrauensvoll, so ganz ohne andere Bedingungen, als die Freundschaft und Fürsorge selbst zu meinem Nutzen erfinden würden, ihm selbe hingegeben.

Man hat mir die Uebersetzung einer Nachricht aus dem Morning-Chronicle über die Aufführung der Symphonie (wahrscheinlich jener in A) zu lesen gegeben. Es wird mit dieser und allen anderen mitgenommenen Werken von Neate wohl eben so gehen, wie mit der Schlacht (von Vittoria), und ich werde wohl, wie von selbiger, auch nichts davon haben, als in den Zeitungen die Aufführungen zu lesen.

Wien den 9. Julius 1817.

Lieber Freund!

Die in Ihrem werthen Briefe vom 9. Junius mir gemachten Anträge sind sehr schmeichelhaft. Aus Gegenwärtigem sollen Sie sehen, wie sehr ich sie würdige. Wäre es nicht in Ansehung meines unglücklichen Gebrechens, wodurch ich viel mehr Wartung und Unkosten bedarf, besonders auf der Reise und in einem fremden Lande, so würde ich den Vorschlag der philharmonischen Gesellschaft unbedingt annehmen.

Setzen Sie sich aber in meine Lage; bedenken Sie, wie viel mehr Hindernisse ich zu bekämpfen habe, als jeder andere Künstler, und urtheilen Sie dann, ob meine Forderungen unbillig sind. Hier sind sie, und ich bitte Sie, selbige den Herren Directoren benannter Gesellschaft mitzutheilen.

1) Ich werde in der ersten Hälfte des Monats Januar 1818 spätestens in London sein.

2) Die zwei großen Symphonieen, ganz neu componirt, sollen dann fertig sein, und das Eigenthum der Gesellschaft einzig und allein sein und bleiben.

3) Die Gesellschaft gibt mir dafür 300 Guineen und 100 Guineen für die Reisekosten, die mir aber weit höher kommen werden, da ich unumgänglich einen Begleiter mit mir nehmen muß.

4) Da ich gleich an der Composition dieser großen Symphonieen zu arbeiten anfange, so weiset mir die Gesellschaft (bei Annahme meiner Aeußerung) die Summe von 150 Guineen hier an, damit ich mich

mit Wagen und anderen Vorrichtungen zur Reise ohne Aufschub versehen kann.

5) Die Bedingnisse wegen Nichterscheinen in einem anderen Orchester im Oeffentlichen, wegen Nichtdirigiren, wegen des Vorzuges der Gesellschaft bei gleichen Bedingnissen, sind von mir angenommen, und würden bei meiner Ehrliebe auch von sich selbst verstanden gewesen sein.

6) Ich darf auf den Beistand der Gesellschaft in der Einleitung und Beförderung eines oder nach Umständen mehrerer Benefice-Concerte für mich hoffen. Sowohl die besondere Freundschaft einiger Directoren Ihrer schätzbaren **Reunion**, als überhaupt die gütige Theilnahme aller Künstler für meine Werke bürget mir dafür, welches mich um so mehr beeifert, den Erwartungen derselben zu entsprechen.

7) Noch bitte ich, die Bewilligung oder Bestätigung des Obigen in englischer Sprache von drei Directoren unterzeichnet im Namen der Gesellschaft ausgefertigt zu erhalten.

Daß ich mich herzlich freue, den braven Sir **George Smart** kennen zu lernen, und Sie und Mr. Neate wiederzusehen, das können Sie sich wohl vorstellen. Möchte ich doch statt dieses Briefes selbst hinfliegen können!

Ihr aufrichtiger Verehrer und Freund

L. v. Beethoven.

(Nachschrift mit eigener Hand.)

Lieber Ries! Ich umarme Sie von Herzen; ich habe mit Fleiß eine andere Hand zu dem Obigen dieses Briefes genommen, damit Sie alles besser lesen und der Gesellschaft vortragen können. Von Ihren guten Gesinnungen gegen mich bin ich überzeugt, und hoffe, daß die p. G. (philharmonische Gesellschaft) meinen Vorschlag genehmigen werde, und Sie können überzeugt sein, daß ich alle Kräfte anwenden werde, mich des ehrenvollen Auftrages einer so auserlesenen Künstlergesellschaft auf die würdigste Art zu entledigen. — Wie stark ist Ihr Orchester? Wie viel Violinen ꝛc. ꝛc. mit einer oder zwei Harmonieen? Ist der Saal groß, klangreich?

———

Wien, am 5. März 1818.

Mein lieber Ries!

Trotz meinen Wünschen war es mir nicht möglich, dieses Jahr nach London zu kommen; ich bitte Sie, der philharmonischen Gesellschaft zu sagen, daß mich meine schwächliche Gesundheit daran verhindert; ich hoffe aber, dies Frühjahr vielleicht gänzlich geheilt zu werden, und alsdann von dem mir gemachten Antrage der Gesellschaft im Spätjahre Gebrauch zu machen und alle Bedingungen derselben zu erfüllen.

Neate bitten Sie in meinem Namen, daß er von so manchen Werken, die er von mir hat, wenigstens keinen öffentlichen Gebrauch mache, bis ich selbst komme; wie es nun auch mit ihm beschaffen sein mag, ich habe Ursache, mich über ihn zu beschweren.

Botter besuchte mich einigemal, er scheint ein guter Mensch zu sein und hat Talent zur Composition; — ich wünsche und hoffe für Sie, daß sich Ihre Glückes-Umstände täglich verbessern; leider kann ich das nicht von mir sagen. — — — — — Darben kann ich nicht sehen, geben muß ich; so können Sie auch denken, wie ich bei dieser Sache noch mehr leide. Ich bitte Sie, mir einmal bald zu schreiben. Wenn es mir nur möglich, mache ich mich noch früher von hier weg, um meinem gänzlichen Ruin zu entgehen, und treffe alsdann im Winter spätestens in London ein. Ich weiß, daß Sie einem unglücklichen Freunde beistehen werden; wäre es nur in meiner Macht gewesen, und wäre ich nicht, wie immer hier, durch Umstände gebunden gewesen, gewiß ich hätte weit mehr für Sie gethan. — Leben Sie recht wohl, grüßen Sie mir Neate, Smart, Cramer — obschon ich höre, daß er ein Contra-Subject von Ihnen und mir ist; unterdessen verstehe ich schon ein wenig die Kunst, dergleichen zu behandeln, und in London werden wir doch trotz dem eine angenehme Harmonie hervorbringen.

Ich grüße und umarme Sie von Herzen.

Ihr Freund

Ludwig van Beethoven.

Viel Schönes an Ihre liebe, schöne (so wie ich höre) Frau.

———

Wien, am 30. April 1819.

Mein lieber Ries!

Erst jetzt kann ich Ihr letztes vom 18ten December beantworten. Ihre Theilnahme thut mir wohl. Für jetzt ist es unmöglich, nach London zu kommen, verstrickt in so mancherlei Umstände; aber Gott wird mir beistehen, künftigen Winter sicher nach London zu kommen, wo ich auch die neuen Sinfonien mitbringe. Ich erwarte ehestens den Text zu einem neuen Oratorium, welches ich hier für den Musik-Verein schreibe, welches uns wohl noch in London dienen wird. Thun Sie für mich, was Sie können; denn ich bedarf es. Bestellungen von der philharmonischen Gesellschaft wären mir sehr willkommen gewesen; die Berichte, welche mir unterdessen Neate über das beinahe Mißfallen der drei Ouverturen geschickt hat, waren mir verdrüßlich; jede hat hier in ihrer Art nicht allein gefallen, sondern die aus Es- und C-dur sogar großen Eindruck gemacht. Unbegreiflich ist mir das Schicksal dieser Compositionen bei der p. G. (philharmonischen Gesellschaft). Sie werden das arrangirte Quintett und die Sonate schon erhalten haben. Machen Sie nun, daß beide Werke, besonders das Quintett sogleich gestochen werden. Mit der Sonate kann es schon etwas langsamer gehen, doch wünschte ich, daß sie wenigstens innerhalb zwei oder längstens drei Monaten erscheine. Ihren von Ihnen erwähnten frühern Brief erhielt ich nicht; daher ich keinen Anstand nahm, beide Werke hier auch zu verschachern, — aber das heißt: bloß für

Deutschland. Es wird unterdessen ebenfalls drei Monate, bis die Sonate hier erscheint; nur mit dem Quintett eilen Sie. Ich werde, sobald Sie mir das Geld hier anweisen, eine Schrift für den Verleger als Eigenthümer dieser Werke für England, Schottland Irland, Frankreich 2c. schicken.

Die Tempo's nach Mälzel's Metronom bei der Sonate erhalten Sie mit nächster Post. De Smidt, Courier bei dem Fürsten Paul Esterhazy, hat das Quintett und die Sonate mitgenommen. Mit nächster Gelegenheit erhalten Sie auch mein Portrait, da ich höre, daß Sie es wirklich wünschen.

Leben Sie wohl, halten Sie mich lieb, Ihren Freund

Beethoven.

Alles Schöne an Ihre schöne Frau!!!
Von mir!!!!!

Wien, den 16. April 1819.

Hier lieber Ries! die Tempos der Sonate.

1tes Allegro, allein allegro, das assai muß weg.

Mälzel's Metronom ♩ = 138.

2tes Stück Scherzoso. M. Metronom ♩ = 80.

3tes Stück M. Metronom ♪ = 92

Hierbei ist zu bemerken, daß der erste Tact noch muß eingeschaltet werden, nämlich:

1ter Tact

4tes Stück **Introduzione largo.** Mälzel's Metronom  = 76

5tes Stück. ³/₄ Tact.

und letztes Mälzel's Metronom = 144.

Verzeihen Sie die Confusionen; wenn Sie meine Lage kännten, würden Sie sich nicht darüber wundern. Vielmehr über das, was ich hierbei noch leiste. Das Quintett ist endlich nicht mehr aufzuhalten und erscheint nächstens; die Sonate aber nicht eher, bis ich endlich eine Antwort von Ihnen erhalte, und das Honorar, wonach ich mich

sehne. De Smit heißt der Courier, woburch Sie sowohl das Quintett als Sonate erhalten haben; —
ich bitte um baldige Antwort. Nächstens mehr! In
Eile   Ihr   Beethoven.

———————

19. April 1819.

Lieber Freund!

Verzeihen Sie mir vielmal die Ungelegenheiten,
welche ich Ihnen mache. Unbegreiflich ist es mir, wie
sich in der Abschrift der Sonate so viele Fehler einfin-
den konnten; — — die unrichtige Copiatur rührt wohl
mit daher, weil ich keinen eignen Copisten mehr halten kann; die Umstände haben das alles so herbeigeführt, und Gott besser's, bis der — — — in einen
bessern Zustand kommt! Dies dauert noch ein volles
Jahr. — Es ist gar schrecklich, wie diese Sache zugegangen, und was aus meinem Gehalte geworden ist,
und noch kein Mensch kann sagen, was es werden wird,
bis das besprochene Jahr herum ist. Sollte die Sonate
(Opus 106) nicht recht sein für London, so könnte ich
eine andere schicken, oder Sie können auch das **Largo**
auslassen und gleich bei der Fuge im letzten Stück
anfangen, oder das erste Stück, Adagio und zum 8ten
das **Scherzo** und das **Largo** und A^llo. risoluto. —
Ich überlasse Ihnen dieses, wie Sie es am besten
finden. (1) — — — Die Sonate ist in drangvollen
Umständen geschrieben. Denn es ist hart, beinahe um
des Brotes willen zu schreiben; so weit habe ich es
nun gebracht.

Wegen nach London zu kommen, werden wir uns noch schreiben. Es wäre gewiß die einzige Rettung für mich, aus dieser elenden drangvollen Lage zu kommen, wobei ich nie gesund, und nie das wirken kann, was in bessern Umständen möglich wäre.

(1) Welche Mannigfaltigkeit in den Vorschlägen! Welche Freiheit! War es ein Vorgefühl der Schwierigkeiten bei der Veräußerung derselben?

————

Wien, den 25. Mai 1819.

— — — — Ich war derweilen mit solchen Sorgen behaftet, wie noch mein Leben nicht; und zwar durch zu übertriebene Wohlthaten gegen andere Menschen.

Componiren Sie fleißig! Mein liebes Erzherzoglein Rudolf und ich spielen ebenfalls von Ihnen und er sagt, daß der gewesene Schüler dem Meister Ehre macht. — Nun leben Sie wohl. Ihre Frau werde ich, da ich höre, daß sie schön ist, jetzt bloß in Gedanken küssen; doch hoffe ich, künftigen Winter persönlich das Vergnügen zu haben. — Vergessen Sie nicht das Quintett und die Sonate und das Geld, ich wollte sagen: das Honorar, avec ou sans honneur.

Ich hoffe, baldigst von Ihnen nicht allegromäßig, sondern Veloce Prestissimo das Beste zu hören. Diesen Brief bringt Ihnen ein geistvoller Engländer, welche meistens alle tüchtige Kerls sind, und mit denen ich gern eine Zeitlang in ihrem Lande zubringen mögte.

Prestissimo — **Responsio**, il suo amico e **Maestro** 𝕭eethoven.

𝔚ien, am 10. November 1819.

Lieber Ries!

Ich schreibe Ihnen, daß die Sonate schon heraus ist; jedoch ungefähr erst vierzehn Tage; denn es sind beinahe sechs Monate, daß Ihnen beides geschickt wurde; das Quintett und die Sonate, — ich sende von hier in einigen Tagen durch einen Courier sowohl die Quintette als auch die Sonate gestochen, wonach Sie denn Alles corrigiren können in beiden Werken.

Da ich keinen Brief über den Empfang beider Werke von Ihnen erhielt, so dachte ich, daß es nichts damit wäre; — habe ich doch schon durch Neate d. J. (dieses Jahr) Schiffbruch gelitten; ich wünsche nun, daß Sie sähen die 50 ♯ (Dukaten) noch zu erhalten, da ich darauf gerechnet habe und wirklich viel Geld bedarf. Für heute schließe ich, melde Ihnen nur, daß ich eine neue große Messe beinahe vollendet; schreiben Sie mir, was Sie damit in L. (London) machen könnten; allein bald, sehr bald, so wie auch bald das Geld für die beiden Werke; — — nächstens schreibe ich Ihnen weitläufiger. In Eile! Ihr wahrer guter Feund 𝕭eethoven.

Wien, den 6. April 1822.

Lieber, bester Ries!

Schon über ein ganzes halbes Jahr wieder kränklich, konnte ich Ihr Schreiben niemals beantworten. Ich erhielt die 26 Pfund Sterling richtig, und danke Ihnen herzlich dafür; von Ihrer mir dedicirten Sinfonie habe ich nichts erhalten. — — — — Mein größtes Werk ist eine große Messe, die ich unlängst geschrieben habe 2c. 2c.; die Zeit ist zu kurz heute; also nur noch das Nöthigste; — — — — — Was würde mir wohl die philharmonische Gesellschaft für eine Sinfonie antragen?

Noch immer hege ich den Gedanken, doch noch nach London zu kommen, wenn es nur meine Gesundheit leidet, vielleicht kommendes Frühjahr?! — Sie würden an mir den gerechten Schätzer meines lieben Schülers, nunmehrigen großen Meisters, finden, und wer weiß, was noch anders Gutes für die Kunst entstehen würde, in Vereinigung mit Ihnen; ich bin, wie allezeit, ganz meinen Musen ergeben, und finde nur darin das Glück meines Lebens, und wirke und handle auch für Andere, wie ich kann. — — — — — — Sie haben zwei Kinder, ich Eins (meines Bruders Sohn) allein Sie sind verheirathet, wo Sie die Ihrigen alle zwei nicht kosten, was mich Eins kostet.

Nun leben Sie recht wohl, küssen Sie Ihre schöne Frau, bis ich diese feierliche Handlung in Person selbst begehen kann.

Herzlich Ihr Freund

Beethoven.

P. S. Machen Sie doch, daß ich Ihre Dedication erhalte, damit ich mich wieder ebenfalls zeigen kann, welches alsogleich geschehen soll, nach Empfang Ihrer.

————————

Wien, den 20. December 1822.

Mein lieber Ries!

Ueberhäuft beschäftigt konnte ich Ihr Schreiben vom 15. November erst jetzt beantworten. — — Mit Vergnügen nehme ich den Antrag an, eine neue Sinfonie für die philharmonische Gesellschaft zu schreiben, wenn auch das Honorar von Engländern nicht im Verhältnisse mit den übrigen Nationen kann gebracht werden, so würde ich selbst umsonst für die ersten Künstler Europa's schreiben, wäre ich nicht noch immer der arme Beethoven. Wäre ich nur in London, was wollte ich für die philharmonische Gesellschaft Alles schreiben! Denn Beethoven kann schreiben, Gott sei Dank, sonst freilich nichts in der Welt. Gibt mir nur Gott meine Gesundheit wieder, welche sich wenigstens gebessert hat, so kann ich allen den Anträgen von allen Orten Europa's, ja sogar aus Nordamerika, Genüge leisten, und ich dürfte noch auf einen grünen Zweig kommen.

————————

(Auszug eines Briefes, dessen Anfang sich nicht vorfindet.)

— — — — — — Betreiben Sie alles bald für Ihren armen Freund; Ihren Reiseplan (1) erwarte ich auch; es ist zu arg geworden; ich bin ärger, als früher, geschoren; geht man nicht, siehe da! ein **crimen laesae!** — — — — — — — — — — — — Da Sie, wie es scheint, eine Dedication von mir bald wünschen, wie gern willfahre ich Ihnen, lieber als dem größten großen Herrn **entre nous.** Der Teufel weiß, wo man nicht in ihre Hände gerathen kann. Auf der neuen Sinfonie (die 9te mit Chören) erhalten Sie die Dedication an Sie; — ich hoffe, endlich die Ihrige an mich zu erhalten. — — — — — — — •b• soll den von hier mitgenommenen Brief an den König (Georg **IV.**) öffnen, woraus er sehen wird, was von der Schlacht von Vittoria an den König geschrieben worden; die nun erfolgte Schrift an ihn (den König) (2) enthält dasselbige; aber von der Messe ist gar keine Rede mehr. — Unser liebenswürdiger Freund B. soll nur sehen, ob er nicht wenigstens ein Schlachtmesser oder eine Schildkröte dafür erhalten kann, versteht sich, daß das gestochene Partitur-Exemplar der Schlacht ebenfalls an den König gegeben werde. — — Der heutige Brief kostet Sie viel Geld (3), rechnen Sie mir es nur ab an dem, was Sie mir schicken; wie leid thut es mir, Ihnen beschwerlich fallen zu müssen.

Gott mit Ihnen. Alles Schöne an Ihre Frau, bis ich selbst da bin. Geben Sie Acht; Sie glauben mich alt, ich bin ein junger Alter. —

Wie immer

Der Ihrige.

(1) Den Plan nämlich, wie Beethoven seine Reise nach England einrichten sollte.

(2) Der mit zwei Siegeln versehene Brief war, so wie auch die Adresse auf dem Couvert, von Beethovens- eigener Hand. Er war in einen Brief an mich eingeschlagen und ein Couvert über das Ganze. Da die Adresse an mich ihm selbst wohl unleserlich schien, so machte er, ohne das zweite Couvert wegzunehmen, ein Drittes darum.

(3) 17 Schillinge $= 10^1/_5$ Florin.

————

Wien, den 25. April 1823.

Lieber Ries!

Der Aufenthalt des Cardinals (Erzherzogs Rudolph) durch vier Wochen hier, wo ich alle Tage $2^1/_2$, ja 3 Stunden Lection geben mußte, raubte mir viel Zeit; denn bei solchen Lectionen ist man des anderen Tages kaum im Stande, zu denken, viel weniger zu schreiben. — —

Meine beständig traurige Lage fordert aber, daß ich augenblicklich das schreibe, welches mir so viel Geld bringt, daß ich es für den Augenblick habe. Welche traurige Entdeckung erhalten Sie hier!! Nun bin ich auch von vielen erlittenen Verdrüßlichkeiten. jetzt nicht wohl, ja sogar wehe Augen! Sorgen Sie unterdessen nicht; Sie erhalten die Sinfonie nächstens; wirklich nur diese elende Lage ist daran Schuld. — Sie erhalten ebenfalls in einigen Wochen neue 33

Variationen über ein Thema (Walzer **Opus 120**), Ihrer Frau gewidmet.

Bauer (Kaiserl. Königl. Erster Gesandtschafts-Secretär) hat die Schlacht von Vittoria in Partitur, welche — — dem damaligen Prinz-Regenten gewidmet, und wofür ich die Copiatur-Kosten noch zu erhalten habe. — — — Nur bitte ich Sie, lieber Freund! was Sie dafür nur erhalten können, mir recht bald anzuweisen. — — Uebrigens kennen wir wohl beide die Herren Verleger. — — — — — — Was Ihren zärtlichen Ehegegenstand betrifft, so werden Sie selbst immer an mir eine Art von Opposition finden, das heißt, eine Opposition gegen Sie, und eine Proposition für Ihre Frau.

Wie immer,

Ihr Freund.

Heßendorf, den 16. Juli 1823.

Mein lieber Ries!

Mit vielem Vergnügen empfing ich vorgestern Ihren Brief, — — —. Jetzt werden die Variationen wohl da sein. — — Die Dedication an Ihre Frau konnte ich nicht selbst machen, da ich ihren Namen nicht weiß. Machen Sie also selbe im Namen Ihres und Ihrer Frau Freundes; überraschen Sie die Ihrige damit; das schöne Geschlecht liebt dies. — Unter uns gesagt, ist auch das Ueberraschende mit dem Schönen das Beste! — — — Mit den **allegri di bravura** muß ich die Ihrigen nachsehen. — — Aufrichtig zu sagen, ich bin kein Freund von dergleichen, da sie den Mechanism nur gar zu sehr befördern; wenigstens die, welche ich kenne. Die Ihrigen kenne ich noch nicht, werde bei — —, mit dem ich Sie bitte, sich nicht ohne Vorsicht einzulassen, auch deswegen anfragen. Könnte ich nicht Manches hier für Sie besorgen? Diese Verleger, die man nur immer in Verlegenheit setzen sollte, um ihren Namen zu verdienen, stechen Ihre Werke nach, und Sie haben nichts davon; es ließe sich vielleicht doch anders machen. — Einige Chöre werde ich Ihnen schon schicken, auch wenn es darauf ankommt, einige neue verfassen; es ist so meine Lieblings=Neigung. — — — — — —

Meinen Dank für das Honorar für die Baga= tellen. Ich bin recht zufrieden. — Dem König von England geben Sie nichts. — — Was Sie nur immer für die Variationen erhalten können, nehmen Sie; ich bin mit Allem zufrieden, nur muß ich mir ausbedingen, daß für die Dedication an Ihre Frau durchaus keine andere Belohnung angenommen wird, als ein Kuß, den ich in London zu empfangen habe. Sie schreiben manchmal Guineas und ich empfange nur Sterling, (1) ich höre aber, daß dies ein Unter= schied ist. Zürnen Sie einem pauvre musicien autrichien nicht darüber; wirklich ist meine Lage noch immer schwierig. — Ich schreibe ebenfalls ein neues Violin=Quartett. Könnte man dieses den Londonern

muſikaliſchen oder unmuſikaliſchen Juden wohl anbie-
ten? — en vrai juif? —

 Mit der herzlichſten Umarmung,

Ihr alter Freund

Beethoven.

(1) Beethoven erhielt 25 Guineen durch einen Wech-
ſel von 26 Pfund 5 Schilling; alle Berechnun-
gen gehen nur in Pfund.

Am 5. September 1823.

  Mein lieber, guter Ries!

Noch habe ich keine weiteren Nachrichten über die
Sinfonie; unterdeſſen können Sie ſicher darauf
rechnen, — — — — — — — — daß ſie bald in
London iſt. Wäre ich nicht ſo arm, daß ich von meiner Feder leben muß, ich würde gar nichts von der
philharmoniſchen Geſellſchaft nehmen. So muß ich
freilich warten, bis für die Sinfonie hier das Honorar angewieſen iſt: um aber einen Beweis meiner
Liebe und des Vertrauens für dieſe Geſellſchaft zu
geben, ſo habe ich die neue — — Ouverture ſchon
an ſie abgeſchickt. — Ich überlaſſe es der Geſellſchaft,
was ſie in Anſehung der Ouverture anordnen wird. —
 Mein Herr Bruder (Johann), der Equipage hält,
hat auch noch von mir ziehen wollen, und ſo hat er, ohne
mich zu fragen, dieſe beſagte Ouverture einem Verle-

ger, Boosey in London, angetragen. — Sagen Sie nur, daß mein Bruder sich geirret, was die Ouverture betrifft. — Er kaufte sie von mir, um damit zu wuchern, wie ich merke. O frater!!

Von Ihrer mir dedicirten Sinfonie erhielt ich nichts. Betrachtete ich die Dedication nicht als eine Art Herausforderung, worauf ich Ihnen Revanche geben muß, so hätte ich Ihnen schon irgend ein Werk gewidmet. So glaubte ich aber noch immer, Ihr Werk erst sehen zu müssen, und wie gern würde ich Ihnen durch irgend etwas meinen Dank bezeigen. Ich bin ja Ihr tiefer Schuldner für so viele bewiesene Anhänglichkeit und Gefälligkeit. Bessert sich meine Gesundheit durch eine zu nehmende Babe=Cur, dann küsse ich Ihre Frau 1824 in London.

Ganz Ihr

Beethoven.

Wien, den 9. April 1825.

Werther, lieber Ries!

Nur eilig das Nöthigste! In der Ihnen geschickten Partitur der Sinfonie (es war die neunte mit Chören), ist, so viel ich mich erinnere, in der ersten Oboë und zwar im 242sten Tacte, wo stehet

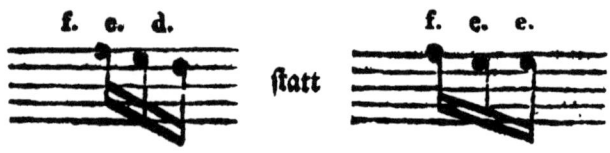

statt

Alle Instrumente, (außer den Blechinstrumenten, die nur theilweise) habe ich durchgesehen, und ich glaube, sie wird so ziemlich richtig sein. Gern hätte ich Ihnen meine Partitur gesendet, (1) allein es steht mir noch eine Academie bevor, (und das Manuscript ist die einzige Partitur, welche ich habe). Wenn es übrigens meine Gesundheit zuläßt; denn nun muß ich bald auf's Land, wo ich nur um diese Zeit gedeihen kann. — Das Opferlied werden Sie nun bald zum zweitenmale abgeschrieben erhalten haben, und bezeichnen Sie es sogleich als corrigirt von mir, damit es nicht mit dem, was Sie schon haben, gebraucht werde. Hier haben Sie ein Beispiel von den elenden Copisten, welche ich seit Schlemmers Tode habe. Beinahe auf keine Note kann man sich verlassen. — Da Sie die Stimmen, schon alle ausgeschrieben vom Finale der Sinfonie, erhalten haben, so habe ich Ihnen noch die Chor-Partitur-Stimmen geschickt. Sie können solche leicht, ehe der Chor anhebt, aus den Stimmen in Partitur setzen lassen, und wo der Gesang anhebt, ist es ganz leicht, mit einiger Ueberlegung die Instrumental-Stimmen oben über an die Gesangstimmen in Partitur anheften zu lassen. Es war nicht möglich, alles dieses zugleich zu schreiben, und in der Geschwindigkeit würden Sie nichts als Fehler bei diesem Copisten erhalten haben. Ich habe Ihnen eine Ouverture in C $^6/_8$ Tact, noch nicht öffentlich erschienen, geschickt; auch die gestochenen Stimmen erhalten Sie

nächsten Posttag. Kyrie und Gloria, zwei der vor-
züglichsten Stücke (aus der **Messe solemnelle in
D-dur**) sind ebenfalls schon, nebst einem italiänischen
Sing=Duette, auf dem Wege für Sie. Sie erhalten
nun noch einen großen Marsch mit Chor, gut geeignet
zu großen Mufiken. (2) Es wäre noch eine große,
außerhalb nicht bekannte Ouverture da, ich glaube
aber, Sie werden hiermit genug haben. — — — —
Leben Sie wohl, in den mir ewig lieben Rheingegen-
den. (3) Allen schönen Antheil am Leben wünsche
ich Ihnen und Ihrer Gattinn. Ihrem Vater alles
Gute und Schöne von Ihrem Freunde

Beethoven.

(1) Es handelte sich von der beabsichtigten Aufführung dieser Sinfonie, welche Beethoven aber nicht
schickte, bei dem Musikfeste in Aachen. Auch
das dortige Comité hatte unmittelbar an ihn
geschrieben, aber nur Versprechen erhalten. Endlich schrieb ich und bat, da ich ihn und seine
Partituren so genau kannte, mir die Original=
Partitur zu schicken, woraus ich schon klug werden würde. Zugleich versprach ich ihm, da ich
sein dauerndes Geldbedürfniß kannte, noch ein
Geschenk, welches mir auch später in 40 Louisd'ors
für ihn eingehändigt wurde.

(2) Wahrscheinlich die bei den **Ruinen von Athen**
befindlichen.

(8) Als ich England verließ, zog ich nach Godesberg bei Bonn, einer der schönsten Gegenden am Rhein. Dorthin hatte ich Beethoven eingeladen, und ihn bringend gebeten, bei mir, und so auch in seiner Heimath, eine Zeitlang zu leben.

***

Schlußwort.

Mit dieser Erinnerung an seinen angenehmen Aufenthalt in dem schönen Godesberg schloß mein verewigter Freund Ries seine Notizen über Beethoven. Der Wunsch, letzteren dort zu sehen, ward ihm nicht erfüllt. Beethoven starb am 26. März 1827 zu Wien, und bereits ein Jahr vorher hatte Ries sich von Godesberg entfernt und Frankfurt am Main zu seinem Wohnorte gewählt, welchen er seitdem auch, Reisen nach Italien, England und Frankreich abgerechnet, nicht mehr verließ. Hier lebte er nun, rastlos wirkend für seine

Kunst, anerkannt in der Nähe und Ferne, geliebt und geachtet von seinen Freunden, und es ist nicht ohne Bedeutung, daß Erinnerungen an seinen großen Lehrer fortwährend den Mittelpunkt seines Denkens und Thuns ausmachten, bis er sich, oft gebeten, endlich zu deren Aufzeichnung entschloß. Warum mußte die heitere Laune, womit sie angefangen und größtentheils beendiget wurden, so bald, bei ihm in Krankheit und Tod, bei mir in wehmüthigen Kummer übergehen! —

    Coblenz, im Mai 1838.

Wegeler.